내가
시행하리니

성결과 권능 시리즈·입문편 2

내가 시행하리니

이재록 목사

우림

너희가 내 이름으로
무엇을 구하든지 내가 시행하리니
이는 아버지로 하여금 아들을 인하여
영광을 얻으시게 하려 함이라

요한복음 14:13

펴내는 글

응답과 축복의 길로 안내하는 지침서가 되기를 기원하며

돈이 있으면 갖고 싶은 것을 살 수 있고, 원하는 것을 어느 정도 충족할 수 있습니다. 하지만 돈이 아무리 많다 해도 해결할 수 없는 질병이나 자녀, 가족의 문제들이 종종 우리 앞을 가로막습니다. 그런데 하나님을 믿는 사람은 질병의 치료나 물질의 축복은 물론이고, 기쁨과 평안을 누리고 사람으로서는 불가능한 것이라도 응답받으며 영생의 축복까지 받을 수 있습니다.

아브라함은 하나님의 자녀로서 받을 수 있는 모든 복을 누린 사람입니다. 그는 평생에 자녀의 복은 물론, 건강과 장수, 부와 명예를 누렸을 뿐만 아니라 하나님의 벗, 믿음의 조상이라는 영적인 축복까지 얻었으니 얼마나 값진 인생입니까. 예수님께서는 제자들에게 "너희가 내 이름으로 무엇을 구하든지 내가 시행하리니 이는 아버지로 하여금 아들을 인하여 영광을 얻으시게 하려 함이라”(요 14:13) 말씀하셨습니다. 우리가 예수 그리스도의 이름으로 무엇을 구하든지 시행하시겠다는 것입니다.

그런데 안타까운 것은 오랫동안 신앙생활 하면서도 이런 복된 삶을 누리지 못하는 분들이 있습니다. 여러 질병으로 고통받거나 얽히고설킨 인생의 문제로 고민하고 삶의 의미와 자신의 정체성을 찾지 못하여 방황하는 경우도 있지요. 예수 그리스도를 영접하여 하나님의 자녀가 되면 응답받고 축복을 받는 것이 당연한데 그렇지 못한 이유는 무엇일까요?

바로 응답과 축복의 길을 정확히 알지 못하기 때문입니다. 설령 안다 해도 하나님과 막힌 죄의 담이 있기 때문이지요. 처음 신앙생활을 시작한 사람은 영적으로 갓난아이와 같아서 하나님께 구하면 쉽게 응답하십니다. 아직 하나님 말씀을 잘 모르기 때문에 조금만 말씀대로 행해도 우는 아기에게 젖을 주는 것처럼 금방 문제를 해결해 주시는 것입니다. 그러나 점점 말씀을 듣고 깨우치며 믿음이 성장하는 만큼 그에 맞는 진리의 행함이 따라야 응답받을 수 있지요. 그런데 오히려 하나님과의 사이에 죄의 담이 있다면 어떻겠습니까? 죄의 담이 무엇인지 깨달아 회개하고 돌이킬 때 응답과 축복의 길로 가게 되는 것입니다. 의외로 무엇 때문에 하나님과의 사이에 죄의 담이 되어 있는지조차 깨닫지 못하는 경우가 많습니다. 그러한 문제에 해답을 제시하고 응답과 축복의 길로 안내하는 지침서가 바로 『내가 시행하리니』입니다.

이 책은 성결과 권능 시리즈 입문편 두 번째 말씀으로서, 1994년 5월에 열린 제2회 2주연속 특별 부흥성회의 말씀을 새롭게 편집한 것입니다. 모두 16개의 Chapter로 구성되어 있으며, 말씀을 잘 양식삼아 행할 때 죄의 문제가 해결되고 응답과 축복받는 길이 열릴 것입니다. 실제로 1994년 부흥성회 당시 증거된 말씀은 치료받아야 할 이에겐 치료의 말씀이, 새로 나온 이에겐 믿음을 심어 주는 말씀이, 믿음 있는 이에겐 영적인 단계를 뚫어나가는 축복의 말씀이 되었습니다. 그래서 수많은 성도가 질병, 사업, 신앙의 문제 등을 해결하고 응답과 축복을 받았습니다.

이처럼 응답과 축복의 길로 안내하는 말씀과 더불어 실제로 응답과 축복의 하나님을 체험한 간증들을 모아 'Miracle Story'에서 소개하였습니다. 각종 질병 치료, 잉태의 축복, 가정의 복음화, 일터와 사업터의 축복 등 여러 분야에서 응답과 축복의 하나님을 체험한 간증을 통해 문제 해결의 실마리를 얻게 될 것입니다.

이 책이 나오기까지 수고하신 빈금선 편집국장과 직원들에게 감사의 뜻을 전하며, 하나님 말씀을 믿고 행하여 하나님을 만나고 응답받아 맘껏 영광 돌리시기를 주님의 이름으로 축원합니다.

2010년 9월

이재록 목사

글 머리에

한 사람이 큰 믿음으로 성장하기까지는 각 단계에 맞는 양육이 필요합니다. 이것이 체계적으로 이뤄지지 않으면 영적인 한계에 부딪혀 답답함을 느끼고 믿음의 길에서 떠나기도 합니다. 이런 문제를 해결하고 체계적인 영적 성장을 돕는 말씀이 바로 성결과 권능 시리즈 입문편 2 『내가 시행하리니』입니다.

첫 번째 말씀인 '응답의 하나님' 편에서는 어떤 사람이 하나님을 만나 응답받는지 알려 줍니다. 그 다음 '입으로 시인하는 대로 되리라' 편에서는 믿음의 고백의 중요성을, 이어 '악행에서 돌이키라' 편에서는 응답받으려면 악을 버리고 죄에서 완전히 돌이켜야 할 것을 말씀합니다. 또 '용서하는 마음' 편에서는 하나님께서 우리를 용서하셨듯이 우리도 서로 용서해야 응답받을 수 있음을 설명합니다.

다섯 번째 말씀인 '심령이 감각되지 아니하였느냐' 편에서는 죄에 대해 무디어 있지 않은지 우리의 심령을 돌아보게 합니다. 이어 '모든 것에 화목하라' 편에서는 응답받기 위해서 화목이 얼마나 중요한지, '금식과 기도의 위력' 편에서는 하나님이 응답하시는 기도와 금식에 대해 알려 줍니다. 그리고 '심고 거두는 법칙' 편에서는 심은 대로 거두는 자연의 법칙처럼 하나님 앞에도 기도와 봉사, 충성, 예물 등을 심을 때 풍성한 열매를 거두게 됨을 전합니다.

아홉 번째 말씀인 '무엇하여 주기를 원하느냐' 편에서는 응답받지 못하는 이유와 응답받는 여러 경우를 가르쳐 줍니다. 또 '감정을 제어하라' 편에서는 선으로 악을 이기는 법을 전하며, '믿음의 행함' 편에서는 여호수아와 같이 믿음의 행군을 할 때 하나님의 역사를 체험할 수 있음을 깨닫게 합니다. '선을 행하되 낙심하지 말지니' 편에서는 정한 마음을 가진 룻을 통해 변함없이 선을 행할 때 복을 받을 수 있음을 강조합니다.

열세 번째 말씀인 '순전' 편에서는 우리가 주님을 닮아 순전한 마음을 이루기를 전하며, '순종의 축복' 편에서는 아브라함처럼 하나님 말씀에 순종할 때 건강, 자녀, 재물, 장수 등 모든 복을 받게 됨을 알려 줍니다. 그리고 '생사화복을 주관하시는 하나님' 편에서는 야곱의 일생을 통해 축복된 삶을 영위할 수 있는 길을 제시합니다. 마지막으로 '지혜롭게 살자' 편에서는 어떻게 하나님의 지혜를 받아 범사에 복을 받을 수 있는지 깨우쳐 줍니다.

이 책은 응답과 축복의 비결을 구체적으로 설명했기 때문에 첫 편부터 놓치지 말고 잘 양식 삼으시기 바랍니다. 누구든지 죄의 담을 헐고 말씀대로 행하면 반드시 문제 해결받고 소원까지도 응답받을 수 있습니다. 모쪼록 이 책을 통해 하나님의 마음과 뜻을 깨달아 참된 구원과 축복의 길로 가시기를 기원합니다.

2010년 9월

빈금선 편집국장

Chapter 1

응답의 하나님

옛적에 하나님이 애굽 땅 소안 들에서 기이한 일을 저희 열조의 목전에서 행하셨으되 … 만나를 비같이 내려 먹이시며 하늘 양식으로 주셨나니 사람이 권세 있는 자의 떡을 먹음이여 하나님이 식물을 충족히 주셨도다 저가 동풍으로 하늘에서 일게 하시며 그 권능으로 남풍을 인도하시고 저희에게 고기를 티끌같이 내리시니 … 먹고 배불렀나니 하나님이 저희 소욕대로 주셨도다 **시편 78:12~29**

우리가 예수 그리스도의 이름으로 무엇을 구하면 하나님께서는 그대로 시행해 주기 원하십니다. 그래서 성도 중에는 하나님께 구하여 무엇이나 응답받아 행복한 삶을 누리는 사람이 많습니다. 그런데 간혹 '정말 하나님이 살아 계실까? 천국과 지옥이 있을까? 혹 없다면 교회에 다니는 것이 손해인데….' 하고 의심하므로 응답받지 못하는 경우를 봅니다. 의심하지 않고 믿으면 반드시 살아 계신 하나님을 만나고 체험할 수 있습니다. 열심히 하나님을 찾으면 누구나 만나게 될 것입니다(잠 8:17).

성경을 보면 한나가 잉태하지 못하여 간절히 기도했을 때 하나님께서 응답하셔서 사무엘을 낳을 수 있었습니다. 아브라함의 아내인 사라는 이미 경수가 끊어졌지만 하나님께서 축복하시니 이삭을 낳을 수 있었습니다. 하나님을 기쁘시게 하면 아무리 잉태할 수 없는 상태라 해도 아이를 출산할 수 있습니다. 하나님께서 기뻐하시면 무엇이든 응답받을 수 있는 것입니다.

어제나 오늘이나 동일하게 역사하시는 하나님

열왕기하 4장 25절 이하에는 수넴 여인이 죽은 아들을 위해 엘리사 선지자에게 간구하는 장면이 나옵니다. 엘리사는 죽은 아이가 있는 방에 들어가 문을 닫고 하나님께 기도하였습니다. 그리고 아이 위에 올라가 자기 입을 죽은 아이의 입에, 눈을 아이의 눈에, 손을 아이의 손에 대고 엎드리니 아이의 살이 차차 따뜻해졌습니다. 그 후 놀라운 일이 벌어졌습니다. 엘리사가 내려서 집 안에서 한 번 이리저리 다니고 다시 아이 위에 올라 엎드리니 아이가 일곱 번 재채기를 하고 눈을 떴습니다.

예수님께서도 죽은 지 나흘이나 되어 썩은 냄새가 나는 나사로를 살리셨습니다(요 11장). 나사로의 무덤을 향해 예수님이 "나사로야,

나오라!" 하고 큰 소리로 부르시니 나사로가 살아나 수족을 베로 동인 채 무덤에서 걸어 나왔습니다. 또 예수님께서는 나인성 과부의 아들을 살리기도 하셨습니다(눅 7장). 장지로 가는 시체를 향해 "청년아, 내가 네게 말하노니 일어나라" 하자 관 속에 있던 죽은 사람이 일어나 앉고 말도 하였습니다. 이 놀라운 일을 본 모든 사람이 두려워하며 하나님께 영광 돌렸습니다.

예수님뿐 아니라 사도들도 예수 그리스도의 이름으로 그러한 역사를 베풀었습니다. 사도 바울은 삼층 누각에 걸터앉아 설교를 듣다 졸음을 이기지 못해 떨어져 죽은 유두고라는 청년을 살렸지요. 또 베드로는 다비다라는 여인을 기도로 살렸습니다.

이 외에도 예수님께서 자신이 하는 일을 "소경이 보며 앉은뱅이가 걸으며 문둥이가 깨끗함을 받으며 귀머거리가 들으며 죽은 자가 살아나며 가난한 자에게 복음이 전파된다"(마 11:5) 말씀하셨습니다. 예수님의 행적을 기록한 사도 요한은 "예수의 행하신 일이 이 외에도 많으니 만일 낱낱이 기록된다면 이 세상이라도 이 기록된 책을 두기에 부족할 줄 아노라"(요 21:25) 했지요.

또 마태복음 10장 1절을 보면 예수님께서 열두 제자에게 귀신을 쫓아내며 모든 병과 모든 약한 것을 고치는 권능을 주셨습니다. 베드로가 선천적으로 다리를 쓰지 못하던 사람에게 "나사렛 예수 그리스도의 이름으로 걸으라" 하며 일으키니 걷기도 하고 뛰기도 하며 하나님을 찬미했습니다(행 3:1~10). 하나님 능력으로는 이처럼 온갖 놀라운 일이 펼쳐집니다. 이러한 하나님의 역사는 성경에 기록된 시대에만 일어나는 것이 아닙니다. 어제나 오늘이나 동일하신 하나님께서는 오늘날에도 하나님의 사랑받는 종이나 믿음의 사람들을 통해 그러한 역사를 나타내십니다.

이처럼 성경에는 하나님을 만나고 응답받은 이들이 참으로 많습니다. 성도 중에는 '하나님의 역사를 체험하는 것이 쉬운 일인 것 같은데 왜 나는 체험하지 못하고 응답받지 못할까?' 하는 의문이 들기도 합니다. 이제 응답받지 못한 경우와 신속히 응답받은 믿음의 선진들을 통해 살펴보겠습니다.

구하는 대로 응답하시는 하나님

이스라엘 백성은 하나님께서 선택하신 민족입니다. 하나님의 살아계심, 그리고 그분의 뜻과 섭리를 나타내기 위해 하나님께서는 그들을 선택하여 친히 주관하셨습니다. 이러한 이스라엘 백성이 하나님의 섭리 가운데 애굽(이집트)에서 약 400년간 노예생활을 합니다. 이때 심한 고역으로 탄식하며 부르짖는 백성들의 소리가 하나님께 상달되지요(출 2:23).

그들의 기도를 들으신 하나님께서는 모세를 택하십니다. 그의 중심을 아시고 잉태되었을 때부터 보호하셨고, 애굽 왕의 명령으로 새로 태어나는 이스라엘 사내아이들이 모두 죽게 되는 상황에서 오히려 애굽 공주의 양자가 되어 왕궁에서 성장하게 하십니다. 때가 되자 하나님께서는 모세를 40년간 연단하고 부르셔서 큰 사명을 맡깁니다. 이스라엘 백성의 지도자로 세워 그들을 애굽에서 이끌어내 젖과 꿀이 흐르는 가나안 땅, 축복과 구원의 땅으로 인도해 가신 것입니다.

출애굽하는 과정에 하나님께서는 이스라엘 백성의 목전에서 기이한 일을 행하셨습니다(시 78:12~16). 모세를 통하여 홍해를 갈라 이스라엘 백성이 마른 땅으로 건너게 하신 것입니다. 그뿐만이 아닙니다. 이스라엘 백성이 지나는 곳은 풀 한 포기도 자라기 힘든 광야로서 매우 덥고 더위를 피할 그늘조차 없었습니다. 그 길을 어린아이에서부터 노인까지 수많은 사람이 가야 합니다. 하나님께서는 그들을 위해 낮에는 구름기둥으로 그늘을 주시고 밤에는 불기둥으로 인도해 주십니다.

장정만 해도 60만 명이라 했으니 어린아이와 여자, 노인을 합치면 200만 명이 족히 넘는 엄청난 수입니다. 여기에 짐승 떼까지 있으니 하나님께서 함께하시지 않으면 그들의 행군이 결코 쉽지 않았을 것입니다. 얼마 지나지 않아 백성들은 마실 물이 없다고 모세를 원망합니다. 메마른 광야에서 어떻게 200만 명이 넘는 사람과 가축들이 마실 물을 구하겠습니까? 그때 모세가 하나님의 명대로 지팡이로 반석을 치니 물이 나왔습니다. 물이 어찌나 많았던지 강같이 흘렀지요. 하지만 이스라엘 백성은 어려움을 만날 때마다 계속 하나님께 불평하고 범죄합니다. "하나님이 광야에서 능히 식탁을 준비하시랴 저가 반석을 쳐서 물을 내시매 시내가 넘쳤거니와 또 능히 떡을 주시며 그 백성을 위하여 고기를 예비하시랴"(시 78:19~20)

하나님께서 진노하실 수밖에 없는 상황이었습니다. 그러나 아직 그들의 믿음이 온전치 않음을 아시기에 어떻게 역사하십니까? 하늘 문을 여시고 만나를 비같이 내려 40여 년간이나 먹이셨습니다. 또한 수많은 메추라기 떼를 이스라엘 백성의 거처에 보내 배불리 먹게 하셨습니다(시 78:23~29). 이처럼 하나님께서는 그들이 원하는 대로 많은 기사와 표적을 베푸셨지요. 이렇게 이스라엘 백성이 출애굽하여 가나안 땅으로 가는 여정이 우리와 무슨 상관이 있을까요?

이 여정은 우리가 죄 가운데 살던 생활에서 벗어나 천국에 들어가기까지 믿음의 생활을 의미합니다. 하나님께서는 가만히 뒷짐 지고 지켜보시는 분이 아닙니다. 이스라엘 백성에게 역사하신 것처럼 우리 삶 속에서 만나 주시고 응답하며 천국에까지 인도하십니다. 마태복음 7장 7절에 "구하라 그러면 너희에게 주실 것이요 찾으라 그러면 찾을 것이요 문을 두드리라 그러면 너희에게 열릴 것이니" 약속하셨으니 우리는 얼마든지 응답의 하나님을 만날 수 있습니다.

하나님의 응답은 어떤 사람에게 임하는가

만일 출애굽한 이스라엘 백성이 하나님 말씀대로 믿고 순종했다면 아무 어려움이 없었을 것입니다. 곧장 젖과 꿀이 흐르는 약속의 땅 가나안에 들어갈 수 있었고 모든 일이 형통했겠지요. 그러나 그들은 가나안 땅에 들어가라 할 때 눈앞의 현실만 보고 하나님의 능력을 믿지 못했습니다. 하나님 능력보다 현실의 어려움이 더 크게 느껴진 것입니다. 그래서 지도자 모세와 아론을 원망하며 반란을 일으키려고까지 했습니다.

오늘날도 마찬가지입니다. 자기 생각에 맞춰 하나님 말씀에 순종하지 않기 때문에 응답받지 못하고 형통치 못한 것입니다. 육신의 생각을 동원하지 않고 믿음으로 순종하면 범사에 형통할 뿐만 아니라 응답이 옵니다. 그러면 어떤 사람이 하나님의 응답을 받았을까요?

아브라함은 믿음으로 응답을 받았습니다.

아브라함은 변함없이 하나님을 믿는 온전한 믿음을 가졌습니다. 그는 하나님 말씀을 의심하거나 불순종한 적이 전혀 없습니다. 죽은 자도 살릴 수 있는 전능하신 하나님을 믿었기 때문에 독자 이삭을 번제로 바치라 하셨을 때에도 순종했지요(히 11:19). 그러니 하나님께서는 그를 믿음의 조상으로 세우고 자녀, 건강, 부와 명예 등 모든 축복을 주셨습니다.

대부분의 사람은 자기 생각에 맞지 않으면 의심하고 순종하지 않으며 원망 불평합니다. 야고보서 1장 6~8절을 보면 "오직 믿음으로 구하고 조금도 의심하지 말라 의심하는 자는 마치 바람에 밀려 요동하는 바다 물결 같으니 이런 사람은 무엇이든지 주께 얻기를 생각하지 말라 두 마음을 품어 모든 일에 정함이 없는 자로다" 하였습니다. 바람에 따라 이리저리 흔들리는 물결처럼 믿었다 의심했다, 믿을까 말까 하는 간사한 마음, 정함이 없는 마음을 가진 사람은 응답을 기대하지 말라는 것입니다.

하나님의 응답은 기도하는 사람에게 임합니다.

엘리야는 북이스라엘 왕국의 아합과 아하시야 왕 시대에 하나님의 뜻을 선포한 선지자입니다. 그는 아합 왕과 이스라엘 백성의 우상 숭배로 나라에 삼 년 반 동안 극심한 가뭄이 들었을 때 하나님께 간절히 기도하여 큰 비의 응답을 받았습니다(왕상 18:42~45). 그가 어찌나 간절히 부르짖어 기도했는지 창자가 꼬이는 듯한 고통으로 머리가 무릎 사이로 들어갈 정도였습니다.

야곱 역시 얍복 강가에서 환도뼈가 부러지기까지 밤새도록 하나님의 사자와 씨름하며 기도하였습니다. 그러자 그를 죽이려고 사백 명의 사람을 거느리고 오던 형 에서의 마음을 하나님께서 주관해 주셨습니다. 야곱은 에서와 화목을 이루었으며 온 가족이 생명을 보존할 수 있었습니다.

고넬료처럼 하나님을 경외하며 선을 행한 사람에게 임합니다.

고넬료는 이달리야대의 백부장으로서 이방인입니다. 그는 경건하여 온 가족과 함께 하나님을 경외하며 백성을 많이 구제하고 하나님께 항상 기도하였습니다(행 10:2). 이러한 고넬료의 기도와 구제가 하나님께 상달되니 하나님께서는 그를 축복하십니다. 베드로를 보내 그와 그 자리에 참석한 고넬료의 일가친척, 친구까지도 모두 성령을 받고 구원받게 하신 것입니다.

욥바에 살던 다비다라는 여제자도 이런 축복을 받았습니다(행 9장). 어느 날, 그녀가 병들어 죽자, 같이 있던 제자들이 가까운 룻다에 베드로가 와 있다는 소식을 듣고 사람을 보내 지체 말고 오라고 간청합니다. 베드로가 도착하자, 생전에 다비다에게 은혜를 입은 과부들이 울며 그녀가 그들을 위해 지어 준 옷을 다 꺼내 보였습니다.

이에 감동을 받은 베드로는 사람들을 내보낸 뒤 무릎 꿇고 하나님께 기도하고는 시체를 향하여 "다비다야, 일어나라!" 합니다. 그러자 놀랍게도 죽은 다비다가 눈을 뜨고 일어나 앉았습니다. 평소 선행과 구제하는 일에 열심이었던 그녀의 행함이 하나님을 감동시킨 것입니다.

솔로몬은 일천 번제를 드림으로 응답받았습니다.

솔로몬은 다윗의 뒤를 이어 이스라엘 왕위에 오른 인물입니다. 그는 백성을 치리하기 앞서 하나님께 일천 번제를 정성껏 드립니다. 이렇게 하나님을 의뢰하며 기쁘시게 하니 하나님께서 꿈에 나타나 "내가 네게 무엇을 줄꼬 너는 구하라" 하셨지요.

이때 솔로몬은 부귀영화가 아닌 백성을 잘 다스릴 수 있는 지혜를 구합니다. 그러자 하나님께서는 지혜는 물론, 구하지 않은 부귀영화까지 넘치도록 주셨습니다. 구약의 제사는 오늘날의 예배를 의미합니다. 우리도 하나님을 사랑하며 신령과 진정으로 예배드릴 때 축복을 받을 수 있습니다.

다윗은 하나님 앞에 합한 중심으로 응답받았습니다.

이스라엘 군대가 블레셋 군대와 대치할 때에 블레셋에는 골리앗이라는 큰 용사가 있었습니다. 그는 거인에다 놋으로 만든 투구와 갑옷과 경갑과 단창으로 무장하고 있었습니다. 이런 용사가 40일간이나 아침저녁으로 이스라엘 군대를 모욕하였지만 아무도 그와 싸우려고 나서지 않았습니다. 그때 다윗이 아버지의 심부름으로 형들을 보러 왔다가 이런 상황을 알게 됩니다.

다윗은 당시 어린 소년이었지만 하나님의 군대를 모욕하는 것을 참을 수 없어 사울 왕에게 자신이 나가 싸우겠다고 말합니다. "주의 종이 사자와 곰도 쳤은즉 사시는 하나님의 군대를 모욕한 이 할례 없는 블레셋 사람이리이까 그가 그 짐승의 하나와 같이 되리이다"(삼상 17:36)

믿음이 있으니 이처럼 담대한 고백을 한 것입니다. 그는 갑옷도 입지 않은 채 물맷돌 다섯 개와 막대기를 들고 나아갑니다. 골리앗을 향해 달리며 물매로 돌을 던졌는데, 골리앗의 이마에 정확히 박혔습니다. 골리앗은 힘 한번 써보지 못하고 엎드러졌지요. 이를 보고 블레셋 군대가 도망하므로 이스라엘은 큰 승리를 거두었습니다.

사도행전 13장 22절에 "내가 이새의 아들 다윗을 만나니 내 마음에 합한 사람이라 내 뜻을 다 이루게 하리라" 하셨습니다. 아무리 큰 문제, 불가능해 보이는 문제도 다윗처럼 담대한 믿음을 가지고 나가면 아무 문제가 되지 않습니다. 우리가 하나님 앞에 합한 중심이 되면 무엇이나 응답받을 수 있는 것입니다.

그 밖에 하나님의 의를 좇는 사람에게 응답이 임합니다.

'의'에는 '하나님의 의'가 있는가 하면, '자기 의'가 있습니다. 하나님께서 말씀하시는 의란 하나님을 경외함으로 죄를 버리고 말씀을 지켜 행하며 믿음으로 순종하는 것입니다.

반면에 자기 의란 자기 보기에 옳다고 하는 것을 말합니다. 자기 의와 하나님께서 보시기에 의는 서로 다릅니다. 대개 사람들은 자기가 옳다고 믿는 것을 열정적으로 밀어붙이는 것이 의라 생각합니다. 다른 사람에게까지 자신의 주장대로 따르도록 요구하며 이로 인해 불화가 일어나도 일을 성취하기 위해서는 어쩔 수 없다고 생각합니다. 그러나 하나님께서는 아무리 옳은 일이라 해도 화평을 깨는 사람을 의롭다 하지 않습니다. 온유하여 모든 사람과 화평을 이룰 때 의롭다 하시지요.

또 사람들은 대개 마음에 아무리 미움, 다툼, 시기, 혈기, 욕심 등의 악이 많아도 나라의 법을 잘 지키고 범죄하지 않으면 불의하다 하지 않습니다. 겉모습만 보고 의롭다 하기도 합니다. 간혹 주위 사람들에게 착하고 좋은 이웃으로 보이던 사람이 큰 범죄를 저지르는 것도 이처럼 겉모습만 보고 판단한 경우입니다. 그러나 하나님께서는 비록 행위로 범죄하지 않아도 마음에 죄악이 있고 생각속에서 죄를 짓는다면 불의하다 하십니다. 요한일서 3장 15절에 "그 형제를 미워하는 자마다 살인하는 자니 살인하는 자마다 영생이 그 속에 거하지 아니하는 것을 너희가 아는 바라" 말씀한 대로입니다.

사람이 가진 의와 불의의 개념은 사람마다, 지역마다, 시대마다 다릅니다. 그러므로 우리가 의와 불의를 규정하기 위해서는 진리 자체이신 하나님께 그 기준을 두어야 합니다. 곧 내 생각과 다르고 내 상식이나 이론과 맞지 않는다 해도 하나님 말씀에 따르는 것이 의로운 것입니다.

하나님을 신속히 만나는 사람들의 중심

요셉과 마리아는 어떤 중심이었습니까? 요셉은 마리아와 정혼한 사이입니다. 그런데 결혼하기도 전에 마리아의 배가 불러옵니다. 물론 마리아는 예수님을 성령으로 잉태했지만 요셉은 이 사실을 알지 못합니다. 당시 구약의 율법에 의하면 간음한 여인은 돌로 쳐 죽이도록 되어 있습니다. 그러나 요셉은 사랑하는 여인을 죽게 할 수 없었습니다.

마태복음 1장 19절에 보면 요셉은 '의로운 사람'이므로 이를 드러내지 않고 가만히 끊고자 했다고 합니다. 상대의 허물을 알리거나 해를 끼치려는 마음이 없었던 것입니다. 이런 착하고 의로운 마음이 었기 때문에 주의 사자가 꿈에 나타나 "네 아내 마리아 데려오기를 무서워 말라 저에게 잉태된 자는 성령으로 된 것이라" 했지요.

한편 마리아는 어떤 마음입니까? 가브리엘 천사가 마리아에게 나타나 하나님의 뜻을 전합니다. "보라 네가 수태하여 아들을 낳으리니 그 이름을 예수라 하라 저가 큰 자가 되고 지극히 높으신 이의 아들이라 일컬을 것이요" 이때 마리아는 자신의 처지와 어려움을 생각지 않고 "주의 계집종이오니 말씀대로 내게 이루어지이다" 고백하며 그대로 믿고 순종하였습니다(눅 1장).

세례 요한의 부모인 사가랴와 엘리사벳도 하나님 보시기에 의로운 사람이었습니다(눅 1:6). 제사장이었던 사가랴와 아내 엘리사벳은 늙도록 자녀가 없었습니다. 하나님께서는 의로운 그들에게 주님의 길을 예비하는 사명을 가진 세례 요한을 잉태하도록 축복해 주셨습니다.

순종하는 사람은 끊임없이 복을 받고

우리가 어떤 마음, 어떤 중심으로 나아가야 하나님을 만날 수 있는지 분명히 알았을 것입니다. 어떤 문제이든 하나님을 만나면 다 해결받을 수 있습니다. 하나님께서는 천지 만물을 지으시고 인류 역사와 우리의 생사화복을 주관하시는 분이기 때문입니다.

이렇게 하나님께서는 합당한 사람에게 분명히 만나 주시므로 그 말씀대로 순종하는 이들은 끊임없이 복을 받고 형통한 길로 갑니다. 따라서 어떤 마음을 가진 사람이든 하나님을 만나면 그 자체가 큰 축복입니다. 좋으신 하나님, 능치 못하실 것이 없는 하나님을 만나기만 하면 모든 문제가 해결되니 부족할 것이 없습니다. 그런데 하나님을 만나는 것이 어렵게 느껴진다면 하나님을 사모하고 간절히 구하며 찾으십시오. 그러면 분명히 만날 수 있습니다.

잠언 8장 17절에 "나를 사랑하는 자들이 나의 사랑을 입으며 나를 간절히 찾는 자가 나를 만날 것이니라" 하셨고, 마태복음 7장 7절에는 "구하라 그러면 너희에게 주실 것이요 찾으라 그러면 찾을 것이요 문을 두드리라 그러면 너희에게 열릴 것이니" 말씀하셨기 때문입니다. 그러므로 하나님과 막힌 죄의 담을 헐고 믿음으로 순종하여 구하는 것마다 응답받아 영광 돌리시기 바랍니다.

Chapter 2

입으로 시인하는 대로 되리라

사람이 마음으로 믿어 의에 이르고 입으로
시인하여 구원에 이르느니라 **로마서 10:10**

우리는 살면서 참으로 많은 말을 합니다. 이러한 말 중에는 꼭 필요한 말이 있고 무익한 말도 있으며 오히려 해가 되는 말도 있습니다. 그래서 야고보서 3장 2절에는 '말에 실수가 없는 자면 온전한 사람'이라고 말씀합니다.

말로 인해 생기는 문제는 실로 엄청나기 때문에 하나님께서는 죽고 사는 것이 혀의 권세에 달려 있다고 하셨습니다(잠 18:21). 또 잠언 13장 2절에는 "사람은 입의 열매로 인하여 복록을 누리거니와" 말씀합니다. 입술의 고백으로 축복을 받을 수도, 어려움이나 고통을 당할 수도 있다는 것입니다.

입으로 시인한 대로 응답하신 하나님

저는 하나님을 믿기 전에는 그저 하고 싶은 대로 이런저런 말을 하곤 했습니다. 거기에는 좋다, 나쁘다, 기쁘다, 슬프다, 힘들다, 어렵다 등 부정과 긍정의 말이 섞여 있었습니다. 피곤하거나 힘들 때에는 "피곤해.", "힘들어."라는 말을 자연스럽게 했지요. 하나님을 만난 뒤에는 어떻게 되었을까요?

성경 말씀을 배우다 보니 모든 일이 입으로 시인하는 대로 되는 것을 발견했습니다. 이러한 사실을 깨달은 뒤 기도와 금식으로 변화되기 위해 노력하니 항상 긍정적인 사람이 될 수 있었습니다. 여러 날 잠을 못 자는 일이 있어도 "피곤하다, 힘들다."는 부정적인 말이 나오지 않습니다. 그러니 긍정적인 입술의 고백대로 항상 기쁘고 감사하며 성령 충만하게, 건강하게 살 수 있었습니다. 하나님께서 믿음대로 역사하신 것입니다.

제가 주의 종의 길을 가면서 교회를 개척하려 하자 주변에서 만류했습니다. "교회를 이룬다는 것이 얼마나 힘들고 어려운지 아세요? 이 교회에서 함께하지 왜 개척을 하려고 합니까?"라며 걱정해 주었습니다. 그러나 저는 하나님의 전지전능하심을 믿기 때문에 "어렵지 않습니다. 하나님께서 형통하게 인도하실 것입니다. 축복받아 영광 돌리고 수많은 영혼을 구원할 것입니다."라는 마음이었습니다. 그래서 항상 기도하며 입으로 시인하였습니다. 과연 시인한 대로 이루어졌습니다.

교회를 개척할 당시 저에게는 단돈 7천 원밖에 없었습니다. 그러나 하나님께서는 필요한 것을 놓고 믿음으로 기도할 때마다 넘치도록 채워 주셨습니다. 아무것도 없는 상태에서 약 두 달 만에 십자가, 종탑, 마이크, 피아노, 강대상 등이 채워진 것입니다. 뿐만 아니라 겨우 십여 명의 성도로 시작했는데, 저의 고백대로 하나님께서 많은 성도를 보내 주셨습니다. 금요철야예배 때마다 수많은 환자가 치료받으니 곳곳에서 소문을 듣고 사람들이 몰려와 큰 부흥을 이루었습니다. 자연히 재정이 불어나고 모든 것이 풍성하게 채워졌지요.

핍박 중에도 믿음의 고백으로

물론 항상 좋은 일만 있었던 것은 아닙니다. 대형 교회로 성장한 많은 교회가 그렇듯이 애매히 핍박과 오해를 받기도 했습니다. 어떤 사람들이 이런저런 거짓 소문을 퍼뜨려 제가 오해를 받을 때 교단에 소속된 분들이 그 이유를 전해 주었습니다. 우리 교회가 크게 부흥했기 때문에 제가 교단에서 지도자 위치에 서게 될까 봐 그랬다는 것입니다. 그때 주변 목사님들은 "흰 것을 검다 해도 '아멘' 하셔야 합니다. 그렇지 않으면 불이익을 당하게 됩니다."라고 권면했습니다. 원하는 대로 따라주었다면 어려움을 피할 수 있었을 것입니다. 하지만 하나님 앞에 거짓말을 할 수는 없었습니다.

베드로도 그를 심문하는 공회의 관원과 장로와 서기관들과 대제사장 앞에서 "하나님 앞에서 너희 말 듣는 것이 하나님 말씀 듣는 것보다 옳은가 판단하라"(행 4:19) 하였습니다. 저 역시 하나님 말씀 듣는 쪽을 택하면 온갖 시련을 겪게 된다는 것을 알았지만 결과는 부활이며 축복이라는 것을 마음으로 믿었습니다. 설령 축복을 주시지 않는다 해도, 수치를 당한다 해도 거짓을 말할 수는 없는 것입니다. 이런 저의 중심을 보신 하나님께서 모든 것을 축복으로 바꾸어 주셨습니다. 오히려 독립된 교단을 세우고 세계선교를 창대히 이루도록 인도하셨습니다.

긍정적인 고백의 중요성

어떤 일을 만날 때 하나님을 믿는 사람일수록 더욱 긍정적이어야 합니다. 하나님을 믿지 않는 사람 중에도 긍정적인 자세로 어려움을 이기고 성공하는 경우를 봅니다. 물론 가만히 앉아서 입술로 긍정만 한다고 되는 것은 아니지요. 최선을 다하는 노력과 인내, 그리고 지혜가 필요합니다. 그러나 무엇보다 중요한 것이 믿음의 고백입니다.

이스라엘 백성이 광야 생활을 마치고 가나안 땅으로 들어가기 전, 먼저 열두 명의 정탐꾼을 보냈습니다. 가나안 땅을 정탐하고 돌아온 정탐꾼들은 두 부류로 나뉘었습니다. 그중에 열 사람은 가나안 거민을 두려워하여 그 땅을 악평하며 부정적인 보고를 하였습니다. 그러나 여호수아와 갈렙은 하나님의 약속을 믿었기 때문에 긍정적인 대답을 합니다.

"우리가 두루 다니며 탐지한 땅은 심히 아름다운 땅이라 여호와께서 우리를 기뻐하시면 우리를 그 땅으로 인도하여 들이시고 그 땅을 우리에게 주시리라 이는 과연 젖과 꿀이 흐르는 땅이니라 오직 여호와를 거역하지 말라 또 그 땅 백성을 두려워하지 말라 그들은 우리 밥이라 그들의 보호자는 그들에게서 떠났고 여호와는 우리와 함께하시느니라 그들을 두려워 말라"(민 14:7~9)

이러한 믿음의 고백, 긍정의 고백을 한 여호수아와 갈렙은 가나안 땅에 들어갈 수 있었습니다. 그러나 부정적인 보고를 한 열 명의 정탐꾼과 그들의 말을 듣고 불평한 당시 20세 이상의 이스라엘 백성은 가나안 땅에 들어가지 못하고 광야에서 죽었습니다. 따라서 우리도 어떤 일을 만날 때에 여호수아와 갈렙 같은 믿음의 고백이 필요합니다.

마태복음 8장을 보면 어느 백부장의 믿음의 고백이 나옵니다. 그는 자기 하인의 중풍을 고치기 위해 예수님을 찾아왔습니다. 그의 갸륵한 마음을 보신 예수님께서는 그를 따라가 하인을 고쳐 주시려 했습니다. 그러자 백부장은 놀라운 믿음의 고백을 합니다.

"주여 내 집에 들어오심을 나는 감당치 못하겠사오니 다만 말씀으로만 하옵소서 그러면 내 하인이 낫겠삽나이다 나도 남의 수하에 있는 사람이요 내 아래도 군사가 있으니 이더러 가라 하면 가고

저더러 오라 하면 오고 내 종더러 이것을 하라 하면 하나이다"(마 8:8~9)

백부장의 고백을 들은 예수님께서는 "이스라엘 중 아무에게서도 이만한 믿음을 만나보지 못하였노라"(마 8:10) 하며 그의 믿음을 칭찬하셨습니다. 과연 백부장이 시인한 대로 하인의 병이 깨끗이 나았습니다.

또 마가복음 7장에 나오는 수로보니게 여인은 어떤 믿음의 고백을 했습니까? 여인은 딸에게 들린 귀신을 쫓아 주시라고 예수님의 발 앞에 엎드려 간구하였습니다. 예수님께서는 뜻밖에도 "자녀의 떡을 취하여 개들에게 던짐이 마땅치 아니하니라" 말씀하셨습니다. 보통 사람 같으면 개 취급을 당했으니 모멸감으로 돌아갔을 것입니다. 하지만 여인은 그렇지 않았습니다. "주여 옳소이다마는 상 아래 개들도 아이들의 먹던 부스러기를 먹나이다" 하며 겸비한 고백으로 은혜를 구한 것입니다.

딸에 대한 헌신적인 사랑, 반드시 응답받고자 하는 마음과 변함없는 믿음이 얼마나 감동적입니까? 어떠한 말씀에도 오해하지 않고 변개하지 않는 선한 마음이 참 아름답습니다. 여인의 선과 믿음을 보신 예수님께서는 "돌아가라 귀신이 네 딸에게서 나갔느니라" 하셨습니다. 그 말씀을 듣고 집에 돌아가 보니 딸이 침대에 누워 있는데 귀신이 나가 정상으로 돌아와 있었습니다. 믿음대로 즉시 응답받은 것입니다.

이처럼 어떤 어려운 일을 만나더라도 겸비한 자세로 하나님 앞에 구할 때 반드시 응답받습니다. 야고보서 1장 5절에 "모든 사람에게 후히 주시고 꾸짖지 아니하시는 하나님께 구하라 그리하면 주시리라" 말씀하신 대로입니다.

다니엘의 세 친구 역시 마찬가지입니다. 그들의 고백을 통해 타협지 않는 굳건한 믿음을 엿볼 수 있습니다. 바벨론 왕 느부갓네살이 금신상에 절하라 명하고 만일 절하지 않으면 풀무 불 속에 던져 넣겠다고 했습니다. 그때에 세 친구는 믿음을 지켜 금신상에 절하지 않았는데, 그것이 왕의 귀에까지 들어갔습니다. 왕은 화가 나서 그들을 끌어오라고 합니다. 끌려온 그들에게 왕이 묻습니다.

"사드락, 메삭, 아벳느고야 너희가 내 신을 섬기지 아니하며 내가 세운 금신상에게 절하지 아니하니 짐짓 그리하였느냐 … 너희가 만일 절하지 아니하면 즉시 너희를 극렬히 타는 풀무 가운데 던져 넣을 것이니 능히 너희를 내 손에서 건져낼 신이 어떤 신이겠느냐"(단 3:14~15)

엄한 왕의 질문에 그들은 담대히 고백합니다.

"우리가 이 일에 대하여 왕에게 대답할 필요가 없나이다 만일 그럴 것이면 왕이여 우리가 섬기는 우리 하나님이 우리를 극렬히 타는 풀무 가운데서 능히 건져내시겠고 왕의 손에서도 건져내시리이다 그리 아니하실지라도 왕이여 우리가 왕의 신들을 섬기지도 아니하고 왕의 세우신 금신상에게 절하지도 아니할 줄을 아옵소서"(단 3:16~18)

하나님께서 자신들을 풀무 불 가운데서 건져내 주시지 않는다 해도 결코 우상 앞에 절하지 않겠다는 비장한 믿음의 고백입니다. 이것은 하나님께서 구원해 주실 것에 대한 믿음이 없기 때문이 아닙니다. 설령 그렇지 않다 해도 하나님을 향한 신뢰와 사랑에 변함이 없을 것을 고백한 것입니다.

그러자 왕은 매우 화가 나서 평소보다 일곱 배나 더 뜨겁게 한 풀무 불에 던져 넣었습니다. 하지만 그들은 전혀 해를 입지 않았으며 머리털 하나도 그슬리지 않고 살아나왔지요. 이를 지켜 본 왕은 놀라며 하나님이 참 신이심을 인정했고 세 사람의 지위를 더욱 높여 주었습니다. 이것이 참 믿음입니다. 하나님 말씀대로 행하면 설령 시험이 온다 해도 다니엘의 세 친구처럼 합력하여 선을 이루며 오히려 축복받아 영광을 돌릴 수 있습니다.

입술로 매를 자청한 사람과 복을 받은 사람

성경을 보면 입술로 쌓은 복을 허물어 매를 자청하는 사람이 있는가 하면 복을 받는 사람도 있습니다. 이삭의 아들 에서는 장자의 명분을 팥죽 한 그릇에 동생 야곱에게 팔았습니다. 그는 그것이 그냥 스쳐가는 말로 끝날 줄 알았습니다. 그러나 결과는 입술로 시인한 대로 이루어지고 말았습니다. 장자의 축복권이 동생 야곱에게 넘어가고 만 것입니다. 에서는 방성대곡하며 후회했지만 때는 이미 늦었습니다.

열왕기하 6~7장에도 이와 비슷한 일이 나옵니다. 아람 군대가 사마리아 성을 오래도록 포위해서 공격하므로 성중에는 먹을 것이 떨어졌습니다. 심지어 자기가 낳은 자식까지 잡아먹는 지경이 되었습니다. 이러한 판국에 엘리사가 '내일 이맘때에는 성문에서 밀가루와 보리가 헐값에 팔리리라' 예언하니 왕의 심복 장관은 믿지 못합니다. "여호와께서 하늘에 창을 내신들 어찌 이런 일이 있으리요?"

그러자 엘리사는 "네가 네 눈으로 보리라 그러나 그것을 먹지는 못하리라" 하였습니다. 그때 하나님의 역사가 일어났습니다. 사마리아 성을 포위하고 있던 아람 군대에게 수많은 말과 병거 소리가 요란하게 들렸습니다. 큰 군대가 쳐들어오는 줄로 착각한 아람 군대는 두려움에 떨며 의복이며 양식들을 버리고 도망하였지요.

하나님의 능력은 이처럼 놀랍습니다. 장관은 다음 날, 아람 군대의 진영에 양식을 구하러 나가던 백성에게 밟혀 죽고 말았습니다. 배고픔에 이성을 잃은 백성이 앞다투어 성을 빠져나가는 통에 깔려 죽은 것입니다. 선지자의 말을 부정한 결과입니다.

우리가 혈기나 감정에 치우쳐 망령된 입술이 되어서는 안 됩니다. 입술의 말 한 마디 한 마디에 반드시 하나님의 역사 또는 원수 마귀 사단의 역사가 따른다는 사실을 알아야 합니다. 자신이 망령된 입술이 된 것을 모른 채 "내가 왜 이런 어려움을 당하나?" 해서는 안 되지요.

여호사밧 왕 때 모압과 암몬 자손이 연합하여 남유다 왕국을 치러 온 적이 있습니다(대하 20장). 이때 여호사밧 왕은 백성과 함께 금식하며 하나님의 도움을 구합니다. 그러자 여호와의 신이 레위 사람 야하시엘에게 임했습니다. "이 전쟁에는 너희가 싸울 것이 없나니 항오를 이루고 서서 너희와 함께한 여호와가 구원하는 것을 보라" 하였습니다.

다음 날, 전쟁터로 나가던 여호사밧 왕은 백성에게 "너희는 너희 하나님 여호와를 신뢰하라 그리하면 견고히 서리라 그 선지자를 신뢰하라 그리하면 형통하리라" 격려하였습니다. 왕은 하나님과 선지자의 말을 믿기 때문에 긍정적인 믿음의 고백을 한 것입니다. 뿐만 아니라 찬양하는 사람들에게 거룩한 예복을 입혀서 군대 앞에서 행하며 여호와를 찬송하게 하였습니다.

전쟁 중에 금식을 선포하고 찬양대를 앞세운다는 것이 있을 수 있는 일입니까? 그러나 하나님께서는 왕의 고백과 믿음의 행함을 보시고 싸우지 않고도 승리할 수 있도록 역사하셨습니다. 사람의 생각으로는 불가능한 것 같아도 하나님께서 함께하시면 능히 이룰 수 있는 것입니다.

입술로 시인하는 대로 응답받으려면

로마서 10장 10절에 "사람이 마음으로 믿어 의에 이르고 입으로 시인하여 구원에 이르느니라" 했습니다. 물론 마음에 믿어지지도 않는데 말로만 "믿습니다." 한다 해서 이루어지는 것은 아닙니다. 들어서 머리로 아는 것을 무조건 입으로 시인한다고 되는 것이 아니라 먼저 마음에 의심하지 않고 믿어야 합니다.

마음으로 믿는 사람은 하나님 말씀대로 행합니다. 내 안에 있는 악과 비진리를 버리며 어둠에서 빛 가운데로 나옵니다. 그리스도의 향기를 내며 세상의 빛과 소금이 되지요. 이것이 마음으로 믿어 의에 이르는 것입니다. 참으로 하나님을 경외하고 사랑하는 사람이라면 하나님 말씀대로 살아가니 하나님께서는 이런 사람이 입술로 시인할 때 응답하십니다.

예수님 당시 십자가에 달려 죽기 직전에 회개한 한 편 강도의 경우도 입술로 시인한 대로 응답받아 구원에 이르렀습니다. 그는 예수님을 구주로 영접했을 뿐 하나님 말씀대로 행한 것이 없습니다. 그런 그가 구원받을 수 있었던 이유는 예수님을 만나 믿음으로 선한 고백을 했고, 더 살 수 있는 시간이 있다면 얼마든지 하나님 말씀대로 살아갈 사람이었기 때문입니다.

반면에 가룟 유다는 어떠하였습니까? 열심히 믿는 것 같았습니다. 예수님을 따라다니며 하나님이 함께하시는 증거도 보았지요. 하지만 마음에 악을 버리지 않았기 때문에 결국 행함으로 드러납니다. 자신의 사명을 이용하여 재정의 일부를 빼돌리는가 하면 돈 때문에 예수님을 팔아넘긴 것입니다. 그래서 예수님과 수년간 함께했으면서도 구원에 이르지 못했습니다.

마음으로 믿어 의에 이른다는 것은 마음이 진리로 변화되는 것을 말하며, 그런 사람이 입술로 시인할 때라야 구원에 이를 수 있습니다. 만일 어떤 사람이 열심히 하나님 앞에 심고 구제하며 예배와 각종 모임에 참석했다고 합시다. 그런데 하나님께 기도해도 응답은 오지 않고 오히려 어려운 일이 닥치니 "하나님이 어디 있느냐?"고 원망 불평했다면 왜 그런 모습이 나온 것일까요?

정말 하나님을 믿었다면 마음이 바뀌지 않고 끝까지 인내했을 것입니다. 결국 자신의 믿음이 참된 믿음이 아니었음을 드러낸 것입니다. 다니엘의 세 친구의 믿음을 보면 알 수 있듯이 진실한 믿음으로 행한 것이라면 설령 축복이 임하지 않는다 해도 결코 하나님을 원망하지 않습니다.

야고보서 3장 11절에 "샘이 한 구멍으로 어찌 단물과 쓴 물을 내겠느뇨"라고 말씀합니다. "믿습니다." 해 놓고 얼마 지나지 않아 부정하는 쓴 물을 낸다면 그것은 믿음이 아닙니다. 인내하며 끝까지 하나님을 믿어드리면 하나님께서는 우리가 시인한 대로 응답하십니다. 잠언 18장 20~21절을 보면 "사람은 입에서 나오는 열매로 하여 배가 부르게 되나니 곧 그 입술에서 나는 것으로 하여 만족하게 되느니라 죽고 사는 것이 혀의 권세에 달렸나니 혀를 쓰기 좋아하는 자는 그 열매를 먹으리라" 하였습니다.

그러므로 하나님의 자녀는 결코 입술에 쓴 물을 내서는 안 됩니다. 진리의 말, 믿음의 고백, 긍정적인 말만 해야 합니다. 때로 힘들고 어려울 때 부정적인 말, 원망이나 탄식하는 말, 하나님 혹은 주의 종이나 믿음의 형제를 서운케 하는 말을 한 적이 있으신지요? 이러한 모습이 있었다면 신속히 회개하고 단물만 내는 중심과 거룩한 입술이 되어야 하겠습니다. 항상 긍정적인 고백을 하며 그 고백대로 하나님께 전폭적으로 맡기고 말씀대로 행해 나감으로써 모든 것에 응답받아 영광 돌리시기 바랍니다.

임태의 축복으로 행복한 우리가정

주제규 장로
(남, 일본 야마가타)

한국 외교통상부에서 근무하던 저는 1988년 12월 센다이 한국총영사관 근무를 위해 일본으로 건너왔습니다. 1991년 9월, 최윤영 집사와 결혼한 뒤 아내의 심장 수술을 계기로 신앙생활을 시작했습니다. 참된 생명의 제단을 만나기 원하며 아내와 함께 기도하던 중 1993년 가을, 지금의 야마가타현 대한민국민단(일본 국내에 거주하는 동포의 권리와 번영을 위해 설립된 단체)으로부터 스카우트 제의를 받았습니다.

저희 부부는 하나님의 인도하심이라 믿고 영사관 생활을 청산한 후, 1994년 3월 야마가타현에 이주하여 살게 되었습니다. 하지만 기대와 달리 낯설음과 민단의 열악한 재정환경으로 생활이 힘겨웠습니다. 게다가 1995년 5월, 한밤중에 갑자기 아내가 너무나 심한 두통을 호소하여 구급차에 실려 병원 응급실로 갔는데 정확한 병명을 알 수가 없었습니다. 이틀 후에는 한국으로 출장을 가야 했으므로 아내를 돌볼 사람이 없어 함께 한국행 비행기에 올랐는데, 아내는 비행기 밖으로 뛰어내리고 싶을 정도로 고통이 심하다고 하였습니다.
한국에 도착하여 아내는 급히 병원 정밀검사를 받았는데 세균이 귓속의 뼈까지 갉아 먹을 뿐만 아니라 뇌에 들어가면 뇌종양으로 발전하는 난치병인 '진주종 중이염'이라는 것이었습니다. 어릴 때부터 앓고 있던 것이 원인이었는데 상태가 매우 좋지 않아 병원에서는 급히 수술을 하지 않으면 위험하다고 하였습니다. 그 당시, 장모님은 만민중앙교회에서 열린 '이재록 목사 2주연속 특별 부흥성회'에 참석하여 류머티즘성 관절염을 치료받으셨습니다. 그래서 아내에게도 기도받기를 권하셨고 저희 부부는 함께 부흥성회에 참석하여 이재록 목사님의 기도를 받게 되었습니다.

신기하게도 기도받는 순간, 아내는 몸 전체가 박하 향처럼 시원해지는 체험과 동시에 심한 통증이 사라졌다고 하였습니다. 다음 날부터는 환자집회에 참석하였는데 아내는 지난 일들을 통회자복하였고, 그 후 귓속에서는 더 이상 진물이 흐르지 않았으며, 아무런 후유증 없이 깨끗하게 치료받았습니다.
하나님의 축복은 여기서 끝나지 않았습니다. 일본에 돌아와 1995년 6월, 아내는 병원에 가서 진단한 결과 임신이라는 것이었습니다. 결혼 전부터 몸이 무척이나 허약했던 아내는 결혼 후 5년 동안 아이를 가질 수 없었는데 기도를 받은 후 잉태의 축복까지 받은 것입니다. 1996년 3월, 첫아들 시영이를 출산했고, 1998년 10월에는 둘째아들 대영이를 출산했습니다. 그리고 1999년 잉태한 셋째아이를 병원에서는 아들이라고 했으나 딸을 원하여 한국을 방문하여 이재록 목사님께 기도를 받았습니다. 2000년 5월, 보장받는 기도대로 딸 가영이를 출산하여 전지전능하신 하나님께 영광을 돌렸습니다.

진주종 중이염 치료와 잉태의 축복을 통해 살아 계신 하나님을 체험한 저희 부부는 일본으로 돌아와 열심히 성결의 복음을 전했습니다. 그러자 주변에 불임으로 고통받는 부부들이 저희의 간증을 듣고 이재록 목사님의 기도를 받은 뒤 아이를 잉태하였고, 또한 말씀을 듣고 변화된 성도들과 하나님 은혜를 체험한 분들을 통하여 자연히 전도의 길이 열렸습니다. 그들과 함께 1997년 7월 4일, 민단 사무실에서 18명이 모여 이다만민교회 류승길 목사님과 도끼쿠니 야스히로 목사님을 모시고 예배를 드렸습니다.

1997년 11월 16일 저희 가정에서 6명이 모여 첫 주일예배를 드린 후 매주 이재록 목사님의 설교 테이프로 주일예배를 드렸는데 서로 은혜받아 간증할 때의 행복은 이루 말할 수 없었습니다. 성도들은 자발적으로 음식을 준비해 와서 교제를 나누기도 하며, 영적 주의 종 파송과 성전 건축, 그리고 영혼 구원을 위해 함께 기도했지요. 1998년 1월 9일, 34명이 모여 야마가타만민교회 개척예배를 드리게 되니 얼마나 감동적이었는지 모릅니다. 8월에는 담임교역자로 장강섭 목사님이 파송되었고, 건물 2층을 얻어 성전 건축을 위해 간절히 기도하였습니다.

사랑의 하나님께서는 민단의 어려운 상황에서도 성실하게 묵묵히 일하는 제 모습을 본 재일동포 유지들의 마음을 주관하여 비품 준비, 내부 공사에 필요한 재정 중 부족한 부분을 형통하게 채워 주셨고, 장강섭 목사님과 전 성도들의 기도의 응답으로 1999년 9월, 320평의 대지 위에 건평 120평의 성전을 마련하여 헌당예배를 드리게 되었습니다.

하나님께서는 교포들의 염원 중 하나인 동포회관도 부임 5년 만에 건축할 수 있도록 하셨고, 교포사회의 발전과 국위선양에 공로한 것이 인정되어 2004년 1월에는 주일 대한민국 특명전권대사의 표창장도 받을 수 있도록 축복해 주셨습니다.

더구나 저는 봉급생활자이기에 물질적으로 별다른 여유가 없었지만 때를 좇아 정성껏 심었더니 하나님께서는 심은 대로 축복해 주셨습니다. 2003년에는 2층으로 된 단독주택을 구입하게 되었고, 2004년 출자한 재일동포 기업의 주식 상장이 이루어지기를 원하여 2005년 5월 한국 방문 시 예물과 함께 축복기도를 받았는데, 얼마 지나지 않아 놀라운 일이 일어났습니다. 12년 동안 한 번도 배당이 없던 회사에서 배당금을 받게 되었고, 몇 개월 후에는 드린 예물의 100배 이상의 축복을 받은 것입니다.

뿐만 아니라 한·일간의 사업을 연결시키는 부업에도 많은 의뢰가 들어와 십일조가 두 배 이상으로 늘어났으며, 2007년 1월에는 '삼영상사'라는 회사를 설립하여 이재록 목사님의 가르침대로 변개하지 않고 정도를 좇아 일구어 나가니 날로 큰 축복이 임하고 있습니다. 또한 직장에서는 2007년 3월 부단장으로 승진되기도 하였습니다. 모든 감사와 영광을 아버지 하나님께 돌리며, 생명의 말씀과 기도로 이끌어 주신 이재록 목사님께도 감사드립니다.

Chapter 3

악행에서 돌이키라

유다 왕 요시야의 아들 여호야김 사 년 곧 바벨론 왕 느부갓네살 원년에 유다 모든 백성에 관한 말씀이 예레미야에게 임하니라 … 이르시기를 너희는 각기 악한 길과 너희 악행에서 돌이키라 그리하면 나 여호와가 너희와 너희 열조에게 옛적에 주어 영원히 있게 한 그 땅에 거하리니 **예레미야 25:1~5**

'내리사랑' 이라는 말이 있습니다. 윗사람이 아랫사람을 사랑하는 것, 특히 부모가 자녀를 사랑하는 것을 일컫습니다. 부모는 자녀를 사랑하기 때문에 자녀가 바르게 성장하여 행복한 삶을 살기 바라며 때에 따라 잘한 점은 칭찬해 주고 잘못한 것은 깨우쳐 주어 돌이킬 수 있도록 이끌어 줍니다. 하나님도 마찬가지입니다. 자녀인 우리를 사랑하기 때문에 잘한 것은 칭찬과 축복으로 갚아주며 잘못된 것은 돌이키도록 깨우쳐 주십니다.

악행에서 돌이키기 원하시는 하나님

이스라엘의 역사를 살펴보면 그들이 평안할 때에는 하나님 섬기기를 게을리하다가, 어려움이 닥치면 다시 하나님 찾기를 반복하는 것을 발견할 수 있습니다. 하나님께서는 이러한 이스라엘 백성들을 바른 길로 이끄시기 위해 선지자들을 보내 악행에서 돌이키도록 일깨워 주셨습니다.

그중 한 사람으로 남유다 왕국 말기 요시야 왕 때부터 활동한 예레미야는 평생 독신으로 살면서 하나님의 뜻을 전했습니다. 오랫동안 하나님을 배반하고 우상을 섬기며 율법을 무시해온 백성을 향해 죄를 회개하지 않으면 나라가 망하고 백성은 포로로 잡혀갈 것을 예언했지요. 당시 북이스라엘 왕국은 이미 앗수르에 의해 멸망한 후였습니다. 그런데 남유다 왕국마저 그 악행 때문에 망하게 되었으니 예레미야가 이를 안타까워하며 악행에서 돌이켜야 할 것을 선포한 것입니다.

하나님께서 유다 왕국에 진노하신 것은 바로 간음 때문이었습니다. 영적으로 간음은 하나님의 자녀가 하나님보다 다른 것을 더 사랑하고 섬기는 것을 말합니다. 이외에도 남유다 백성은 갖가지 죄를 지었습니다. 그래서 하나님의 말씀이 예레미야에게 임하여 23년간 그들의 죄를 지적하고 돌이키라 했지만 그들은 오히려 예레미야를 죽이려고 했습니다(렘 38:4~6).

하나님을 믿는다는 사람 중에도 말씀대로 행치 않고 자기 마음대로 사는 사람이 얼마나 많습니까? 성경이나 설교를 통하여 하나님의 뜻이 무엇인지 분명히 알 수 있는데도 말씀대로 행하지 않습니다. 예수님께서 "나더러 주여 주여 하는 자마다 천국에 다 들어갈 것이 아니요 다만 하늘에 계신 내 아버지의 뜻대로 행하는 자라야 들어가리라"(마 7:21) 하셨으니 악행에서 돌이켜 하나님의 뜻대로 행해야 합니다.

왜 악행에서 돌이켜야 하는가

우리는 많은 사람과 더불어 살아갑니다. 집에서는 가족, 학교에서는 친구, 직장에서는 상사와 동료들과 함께 살아갑니다. 하나님께서는 우리가 서로 유익을 주며 행복하게 살기 원하십니다. 그래서 마태복음 5장 13~16절에 '너희는 세상의 소금과 빛'이라 하시고 "너희 빛을 사람 앞에 비취게 하여 저희로 너희 착한 행실을 보고 하늘에 계신 너희 아버지께 영광을 돌리게 하라" 하셨습니다. 행복한 삶을 위해서는 서로에게 요구되는 사항이 있는데, 그것을 지키지 않으면 누군가 고통받는 사람이 생기게 마련입니다.

예를 들어, 남편이 매일 술에 만취하여 귀가한다면 가족이 얼마나 고통받겠습니까? 학교에서 학생이 늘 소란을 피우며 수업을 방해한다면 다른 사람들이 얼마나 힘들겠습니까? 직장에서도 동료 간에 감정이나 불편한 마음이 있다면 서로 힘들고 업무 능률도 떨어질 것입니다. 더구나 법에 저촉받을 만큼 큰 죄에 해당하는 도둑

질이나 사기 행각, 간음, 살인, 폭행 등은 더 많은 사람에게 고통을 줍니다.

주 안에서도 크고 작은 죄가 많습니다. 그중 하나님 앞에 큰 죄가 되는 악행이 있는데, 바로 육체의 일입니다. "육체의 일은 현저하니 곧 음행과 더러운 것과 호색과 우상 숭배와 술수와 원수를 맺는 것과 분쟁과 시기와 분냄과 당 짓는 것과 분리함과 이단과 투기와 술 취함과 방탕함과 또 그와 같은 것들이라 전에 너희에게 경계한 것같이 경계하노니 이런 일을 하는 자들은 하나님의 나라를 유업으로 받지 못할 것이요"(갈 5:19~21)

이 외에도 하나님의 자녀들이 쉽게 짓는 죄에는 시기, 비방, 판단, 정죄, 미움, 간음, 거짓 등이 있습니다. 기도하지 않는 것도 쉽게 짓는 죄 중의 하나입니다. 하나님은 "기도하지 않는 것도 죄"(삼상 12:23)라 하시고 "쉬지 말고 기도하라, 깨어 기도하라" 말씀하셨지요. 이렇게 죄를 상세하게 열거하는 것은 죄를 짓지 않기 원하시기 때문입니다. 혹 죄를 지었다 해도 돌이키기 원하시는 것이지요.

만일 우리가 이러한 죄에서 돌이키지 않으면 이런저런 고통과 연단, 시험 환난이 따릅니다. 그리고 현저한 육체의 일 곧 음행과 호색, 우상 숭배, 분쟁, 방탕함 등의 죄를 계속 지어나갈 경우에는 "죄의 삯은 사망"(롬 6:23)이라 한 대로 구원받지 못합니다. 이처럼 악행에서 돌이키지 않아 온갖 재앙을 겪은 대표적인 사람이 애굽의 바로 왕입니다.

악행에서 돌이키지 않은 바로 왕

당시 이스라엘 백성은 애굽에서 힘든 종살이를 하고 있었습니다. 하루하루 고된 생활이 반복되자 이스라엘 백성은 하나님께 자신들을 구원해 달라고 부르짖었습니다. 그 기도를 들으시고 하나님께서 모세를 그들의 구원자로 보내십니다. 하나님의 뜻에 따라 모세와 그의 형 아론은 바로 왕을 찾아갑니다. 그리고 “하나님께 희생을 드리려고 하니 이스라엘 백성이 갈 수 있도록 허락해 달라” 요청합니다.

강퍅한 바로 왕은 허락은커녕 오히려 이스라엘 백성을 더 가혹하게 다룹니다. 오늘날에도 하나님 말씀으로 죄를 지적하면 더 악으로 나오는 사람과 같습니다. 모세와 아론은 바로 왕에게 이적을 보여 주며 하나님께서 자신들을 보내셨음을 알려 줍니다. 즉 손에 든 지팡이를 뱀이 되게 한 것입니다. 그래도 모세의 말을 듣지 않으므로 하나님께서는 바로 왕이 깨닫고 돌이킬 수 있도록 애굽에 재앙을 내렸습니다. 바로 왕은 열 가지 재앙을 모두 당한 후에야 이스라엘 백성을 놓아 주는데 이것이 애굽의 ‘열 재앙’입니다.

애굽의 열 재앙이 시작되고

하나님께서 첫 번째로 허락하신 재앙은 피의 재앙입니다. 모세와 아론이 하나님께서 명하신 대로 지팡이를 들어 하수를 치니 순식간에 물이 피로 변했습니다. 하지만 애굽의 술객들도 물이 피로 변하게 하니 바로가 모세의 요청을 들어주지 않습니다. 애굽의 술객들은 어떻게 물을 피로 변하게 했을까요?

애굽 궁중의 술객들은 갖가지 재주를 부리며 왕을 즐겁게 했던 사람들입니다. 그들은 술법을 통해 벼슬길에 올랐으며 조상 대대로 이어온 가업이기 때문에 재질을 타고날 수밖에 없었습니다. 더구나 그들은 악한 영들과 접하였고 교묘한 눈속임과 자신들이 터득한 기법을 활용하여 물이 피로 변하게 했습니다. 물론 애굽 전역의 하수를 피로 변하게 한 모세와 달리 그들은 일부만을 피로 변하게 했을 뿐입니다.

하나님께서는 두 번째 재앙으로 무수한 개구리가 올라와 애굽 온 집에 덮이게 하셨습니다. 개구리가 그릇이나 침실 할 것 없이 들어오니 견디다 못한 바로 왕이 모세와 아론을 불러 "백성을 보내주겠다"고 약속합니다. 그러나 개구리들이 죽자 다시 마음이 변하여 보내 주지 않습니다.

세 번째 재앙으로 애굽 온 땅의 티끌이 이가 되게 하셨으나 바로 왕은 여전히 모세의 말을 듣지 않습니다. 하나님께서 이번에는 파리 떼가 애굽 집집마다 가득하게 하셨습니다. 바로는 모세와 아론을 불러 "너희는 가서 이 땅에서 너희 하나님께 희생을 드리라" 합니다. 이제 애굽에서 벗어나 가나안 땅으로 갈 수 있을 것 같았습니다. 그러나 모세가 기도하여 파리 떼가 떠나자 바로의 마음이 또 다시 완강해져 가지 못하게 합니다. 왜 마음이 변한 것일까요?

이스라엘 백성은 원래 애굽의 종이 아닙니다. 그들의 조상 야곱의 아들 요셉은 애굽에서 총리를 지내며 극심한 7년 가뭄에서 애굽을 구한 은인입니다. 당시 애굽 왕은 요셉의 은혜를 알았기에 그의 부친과 형제들을 애굽에 머물게 했지요. 그런데 오랜 세월이 흘러 이스라엘 자손이 점점 불어나자 애굽 사람들은 위협을 느낀 나머지 은혜를 저버리고 종을 삼아 노역을 시켰습니다. 뿐만 아니라 하나님께서 이스라엘 백성을 가나안 땅으로 인도하시려는데, 애굽 왕 바로는 자기 유익을 위해 받아들이지 않았지요. 장정만 해도 60만 명이나 되는 이스라엘 백성을 종으로 부리고 있으니 놓아 주기가 아까웠던 것입니다. 바로는 하나님의 역사를 눈으로 목도하면서도 돌이킬 생각을 하지 않았습니다.

하나님께서는 다섯 번째로 애굽의 생축에게 심한 악질이 나게 하십니다. 그래도 바로가 듣지 않자 이번에는 애굽 모든 사람과 짐승에게 독종이 생기게 했지요. 백성이 고통받는데도 바로는 여전했습니다. 일곱 번째로는 불 섞인 우박이 내렸는데, 얼마나 맹렬하게 내렸는지 개국 이래 그같은 것이 없었다고 합니다. 사람과 짐승은 물론 밭의 채소와 나무가 모두 피해를 입었지요.

바로는 다시 모세와 아론을 부릅니다. 그리고 "이번은 내가 범죄하였노라 여호와는 의로우시고 나와 나의 백성은 악하도다" 회개하면서 "내가 너희를 보내리니 너희가 다시는 머물지 아니하리라" 하며 사뭇 강조까지 합니다. 반드시 보내줄 것 같았습니다. 그러나 뇌성과 우박과 비가 그치자, 이내 마음이 바뀝니다. 약속했다가 번번이 지키지 않으니 모세 입장에서는 얼마나 답답할 노릇입니까.

또다시 깨우쳐 주고자 이번에는 큰 메뚜기 떼를 애굽 땅에 보냅니다. 메뚜기 떼가 온 나라를 휩쓸며 그나마 남아 있던 채소와 나무 열매를 다 먹어치우자 바로 왕은 잠시 돌이키는 듯 했지만 하나님께서 메뚜기 떼를 거두시자 다시 말을 번복합니다. 아홉 번째로 하나님께서는 흑암이 삼 일 동안 애굽 온 땅에 있게 하셨습니다. 얼마나 캄캄한지 한 치 앞을 볼 수도, 일어나 다닐 수도 없었습니다. 그래도 바로는 돌이키지 않습니다.

끝까지 모세의 말을 듣지 않으니 마지막으로 무서운 재앙이 임합니다. 하룻밤 사이에 바로와 신하들의 장자는 물론, 모든 애굽 사람의 장자가 죽고 모든 생축의 처음 난 것이 죽고 말았습니다. 애굽 온 땅에 통곡 소리가 메아리쳤습니다. 마침내 바로는 모세와 아론을 불러 "너희의 말대로 가서 여호와를 섬기라" 하였습니다. 그제야 두 손을 든 것입니다. 나라가 망할 지경이 되어서야 항복했으니 얼마나 어리석습니까(『거역된 삶과 순종의 삶』 참조).

여전히 악행에서 돌이키지 않으니

하나님께서는 바로의 마음이 다시 변할 것을 아시기 때문에 이스라엘 자손이 급히 출발할 수 있도록 미리 준비시키셨습니다. 애굽 사람들도 이스라엘 백성이 속히 떠나기를 바랐습니다. 그런데 막상 떠나고 나니 바로는 또 마음이 바뀌어 병거를 갖추고 뒤쫓았습니다. 그 결과 이스라엘 백성을 뒤쫓아 홍해를 건너던 애굽 군대는 모두 수장되고 말았습니다. 오늘날에도 이런 성도가 얼마나 많은지요. '죄에서 돌이키라, 말씀대로 살라.' 아무리 가르쳐도 듣지 않으므로 하나 둘 잃다가 마침내 다 잃고 맙니다.

교회를 개척한 지 얼마 안 되었을 때입니다. 금요철야예배를 드리고 있는데 어떤 부모가 네다섯 살쯤 되는 아이를 안고 교회로 들어오는 것입니다. 아이는 고통으로 마구 울부짖었습니다. 병원에서 암으로 20일밖에 살지 못한다고 하니 어찌할 길이 없어 찾아온 것입니다. 아이가 너무 고통스러워하니 독한 모르핀 주사를 하루에도 몇 차례씩 맞았다고 합니다. 이런 사연을 듣고 안타까워 15일간 직접 기도해 주었습니다. 아이는 처음 기도를 받은 후 통증이 멎었고 이틀, 사흘이 지나면서 점점 회복되었습니다.

아이가 깨끗이 치료되어 고향으로 돌아갈 때가 되었습니다. 그때 아이 부모에게 앞으로 십계명을 잘 지키면 아이가 건강하게 잘 자랄 것이고 그렇지 않으면 하나님께서 외면하신다고 전했습니다. 그들은 말씀을 명심하겠다고 고백하며 고향으로 돌아갔습니다. 그런데 얼마 지나지 않아 아이의 아버지는 술담배를 하며 교회에도 나가지 않았습니다. 아이의 할머니가 하나님께 감사하기는커녕 "내 눈에 흙이 들어가기 전에는 절대 교회에 나갈 수 없다."고 해서 못 나갔다는 것입니다.

결국 하나님 은혜를 저버린 부모 때문에 아이가 죽고 말았습니다. 이처럼 교회에 나와 치료받은 후 하나님의 은혜를 저버리고 세상으로 향하는 사람이 많습니다. 애굽의 바로 왕과 같이 회개하고 돌이키는 것 같다가도 다시 자기 유익을 좇아가는 것입니다.

악행에서 돌이킬 때 임하는 축복

바로 왕이 하나님 말씀을 듣고 곧바로 이스라엘 백성을 놓아 주었더라면 화를 당하지 않았을 것입니다. 여러 재앙으로 고통받지도, 사랑하는 아들과 많은 생축, 재물과 병사들을 잃지도 않았겠지요. 여기서 우리는 무엇을 깨우쳐야 할까요? 하나님의 뜻을 알고 그에 순종하면 축복이요, 그렇지 않으면 재앙이 임한다는 것입니다. 하나님께서 돌이키라 하실 때에 금방 돌이키면 손실이 적지만 시간을 끄는 만큼 많은 손실을 입습니다.

돌이킨다는 것은 무엇입니까? 잘못을 뉘우치고 하나님 말씀대로 살기로 결심했다면 다시는 그 잘못을 반복하지 않는 것입니다. 하나님께 범죄하였다면 즉시 돌이키되 완전히 돌이켜야 합니다. 만일 하나님께서 동쪽으로 가라 하셨는데 서쪽으로 갔다면 완전히 돌이켜 동쪽으로 가야 하는 것입니다. 그럴 때 하나님께서 은혜와 긍휼, 용서를 베풀며 응답해 주십니다.

대표적인 인물로는 열왕기하 20장에 나오는 히스기야 왕을 들 수 있습니다. 처음에 그는 하나님이 보시기에 정직하게 행하였지만, 세월이 흐르면서 교만해졌습니다. 결국 이사야 선지자에게서 "네가 죽고 살지 못하리라"는 하나님 말씀을 듣게 됩니다. 병으로 죽게 되자, 그는 죄에서 돌이키고 통회자복하며 기도했습니다.

"여호와여 구하오니 내가 진실과 전심으로 주 앞에 행하며 주의 보시기에 선하게 행한 것을 기억하옵소서"(왕하 20:3)

기도를 들으신 하나님께서는 "내가 네 기도를 들었고 네 눈물을 보았노라" 하시며 병을 고치시고 생명을 15년이나 연장해 주셨습니다. 지난날 그가 선하게 행한 것을 기억하고 기도를 들으셨으니 평소 우리가 하나님 앞에 선을 행하되, 죄에서 철저히 돌이키는 것이 얼마나 중요한지 깨우쳐야겠습니다.

욥도 마찬가지입니다. 그는 자녀들이 모두 죽고 많은 재물이 사라졌을 때에도 하나님을 원망하지 않고 감사했습니다. 그러나 자신의 몸에 악창이 나 도저히 참을 수 없는 지경에 이르자 원망 불평이 나왔습니다. 심지어 '나의 의를 빼앗으신 하나님, 나의 영혼을 괴롭게 하신 하나님'이라는 말까지 합니다. 그럴 때 하나님께서 폭풍 가운데 나타나 잘못을 하나하나 지적하십니다. 이에 욥이 자신의 잘못과 마음 깊은 곳에 숨겨져 있던 악을 깨닫고 중심으로 회개하니 하나님께서는 이전보다 갑절로 축복해 주셨습니다.

사람들은 작심삼일인 경우가 많습니다. 하지만 하나님의 자녀들은 성령이 마음 안에 계시기 때문에 기도하여 하나님의 능력을 받으면 온전히 말씀대로 행할 수 있습니다. 그러니 한 번 약속한 것은 변개하지 않고 지켜 행해야 합니다. 나아가 하나님 말씀을 통해 자신의 악행이 발견되면 즉시 돌이킬 때 응답이 옵니다.

데살로니가전서 5장 22~23절을 보면 "악은 모든 모양이라도 버리라 평강의 하나님이 친히 너희로 온전히 거룩하게 하시고 또 너희 온 영과 혼과 몸이 우리 주 예수 그리스도 강림하실 때에 흠 없게 보전되기를 원하노라" 했습니다. 하나님께서 우리 영혼을 언제 불러가실지, 주님께서 언제 강림하실지 모릅니다. 그러니 악은 모양이라도 버림으로 영과 혼과 몸을 흠 없게 보전해야 합니다. 하나님 말씀을 마음에 깊이 새기고 악에서 돌이켜 오직 진리로 행할 수 있기를 바랍니다.

Chapter 4

용서하는 마음

그러나 악인이 만일 그 행한 모든 죄에서 돌이켜 떠나 내 모든 율례를 지키고 법과 의를 행하면 정녕 살고 죽지 아니할 것이라 그 범죄한 것이 하나도 기억함이 되지 아니하리니 그 행한 의로 인하여 살리라 … 악인의 행하는 모든 가증한 일대로 행하면 살겠느냐 그 행한 의로운 일은 하나도 기억함이 되지 아니하리니 그가 그 범한 허물과 그 지은 죄로 인하여 죽으리라 **에스겔 18:21~24**

우리는 인생을 살아가면서 많은 사람을 만납니다. 그중에는 나에게 유익을 주며 올바른 길로 이끄는 사람도 있지만, 오히려 괴롭히며 해를 입히는 사람도 있습니다. 그런데 평소 자신을 괴롭게 하며 도저히 용납하기 어려운 사람, 싫어하는 사람이 어려움을 당한다면 과연 어떤 마음이 들까요? 손뼉 치며 좋아하거나 '잘됐다!' 며 시원해할 수도 있지만 선한 사람은 그렇지 않습니다. '죄를 지은 것도 불쌍한데 어려움을 당하니 안 됐구나.' 생각합니다. 바로 사람들의 마음에 선과 악의 차이를 느낄 수 있습니다.

신앙 안에서도 마찬가지입니다. 자신을 힘들게 하고 해를 끼치는 사람이 어려움을 당할 때 어떤 마음이 드는지요? 제 경우를 보아도 저에게 악을 행한 이들이 잘못되었을 때 마음이 아프고 돌이켜 구원의 길로 나오기를 원했습니다. 하물며 사랑 자체이신 하나님께서는 어떠하시겠습니까?

그런데 성경을 보면 하나님께서 사람들을 멸하는 장면이 나옵니다. 어찌된 일일까요? 여기에는 하나님의 사랑과 공의가 담겨 있습니다. 선한 사람들은 "사랑의 하나님께서 그렇게 하셨을 때에는 반드시 이유가 있을 거야."라며 이러한 성경 대목을 보아도 하나님의 사랑을 의심하지 않습니다. 하나님께서 어찌 악인 멸하기를 즐거워하시겠습니까? 결코 그럴 리 없지요. 성경의 내용을 정확히 알면 하나님의 사랑과 용서를 충분히 깨달을 수 있습니다.

어찌하든 용서하시려는 사랑의 하나님

창세기 18~19장에 나오는 소돔과 고모라는 죄악으로 가득한 도시였습니다. 그런데도 하나님께서는 그들을 살릴 수 있는 작은 근거라도 찾기 위해 천사들을 보내 소돔과 고모라 사람들을 살피게 하셨습니다. 그리고 아브라함에게 이 일을 미리 말씀해 주십니다.

"소돔과 고모라에 대한 부르짖음이 크고 그 죄악이 심히 중하니 내가 이제 내려가서 그 모든 행한 것이 과연 내게 들린 부르짖음과 같은지 그렇지 않은지 내가 보고 알려 하노라"(창 18:20~21)

하나님의 마음을 누구보다 잘 알았던 아브라함은 "주께서 의인을 악인과 함께 멸하시려나이까 그 성 중에 의인 오십이 있을지라도 주께서 그곳을 멸하시고 그 오십 의인을 위하여 용서치 아니하시리이까"라고 조심스럽게 여쭙니다. 하나님께서는 "내가 만일 소돔 성 중에서 의인 오십을 찾으면 그들을 위하여 온 지경을 용서하리라" 말씀합니다.

아브라함은 이에 힘을 얻어 "오십 의인 중에 오 인이 부족할 것이면 그 오 인 부족함을 인하여 온 성을 멸하시리이까" 하며 다시 묻습니다. 이번에도 하나님께서는 용서하겠다고 하십니다. 아브라함은 계속하여 40인, 30인, 20인을 찾으면 어떻게 할 것인지 여쭙니다. 하나님께서는 그때마다 용서를 약속하시며 마지막으로 의인 열 사람을 찾아도 성을 멸하지 않겠다 말씀하십니다.

안타깝게도 소돔 성에는 의인 열 사람이 없었습니다. 죄악으로 가득 찬 나머지 소돔 사람들은 하나님이 보내신 천사들에게까지 해를 가하려 하였습니다. 아브라함의 조카 롯의 집에 천사들이 머무는 것을 알고는 그의 집에 몰려가 "너희 집에 온 사람들을 내놓으라" 하였지요. 당황한 롯이 대신 자기 딸을 주겠다고 할 때에도 욕을 퍼부으며 대문까지 부수려 합니다. 이처럼 그들은 죄에서 돌이킬 수 없는 한계에 달했기에 하나님께서 그 성을 멸하신 것입니다.

하나님께서는 그나마 죄를 짓지 않으려고 노력한 롯을 그의 가족과 함께 구원하시고자 합니다. 그러나 하나님께서 성을 멸하실 것이라는 롯의 말을 농담으로 여긴 사위들은 성에 남았다가 죽음을 당했습니다. 또한 롯과 함께 탈출했어도 소돔에 미련이 남아 하나님 말씀을 어기고 뒤돌아 본 그의 아내는 소금 기둥이 되고 말았습니다. 하나님께서는 어찌하든 용서하기 원하시지만 더 용서할 수 없는 단계에 이르면 심판할 수밖에 없는 것입니다.

죄악이 관영하여 심판하시는 하나님

하나님께서 가나안 땅에 사는 아모리 족속을 진멸하신 것도 마찬가지입니다. 그들 역시 오래도록 참고 기다려 주셨습니다. 이스라엘 백성이 애굽에서 종살이하던 기간인 약 사백 년 동안이나 참으신 것입니다.

"네 자손이 이방에서 객이 되어 그들을 섬기겠고 그들은 사백 년 동안 네 자손을 괴롭게 하리니 … 네 자손은 사대 만에 이 땅으로 돌아오리니 이는 아모리 족속의 죄악이 아직 관영치 아니함이니라 하시더니"(창 15:13~16)

이렇게 오래 참았는데도 그들은 돌이키지 않고 더 악을 쌓아갔습니다. 마침내 죄악이 가득 차서 돌이킬 가능성이 없으니 그 땅을 이스라엘 백성에게 주신 것입니다. 하나님께서는 악인이라 할지라도 돌이키기를 원하며 그럴 때 죄를 기억지도 않으십니다. 이런 하나님의 마음이 에스겔 18장 21절에 잘 나타나 있습니다. "악인이 만일 그 행한 모든 죄에서 돌이켜 떠나 내 모든 율례를 지키고 법과 의를 행하면 정녕 살고 죽지 아니할 것이라 그 범죄한 것이 하나도 기억함이 되지 아니하리니" 하신 대로입니다.

그러면 사랑과 용서의 하나님께서 아모리 족속을 남김없이 진멸하도록 하신 이유는 무엇일까요? 만일 그들을 남겨 두면 우상을 섬기고 사술을 행하며 음란하고 패역한 그들의 행위를 이스라엘 백성이 본받게 되기 때문입니다.

하나님께서는 그 가운데에서도 여리고 성에 살았던 라합과 그 친족은 구원해 주셨습니다. 라합은 하나님께서 이스라엘 백성에게 베푸신 놀라운 일들을 전해 듣고 하나님을 믿고 경외하였으며, 이스라엘의 정탐꾼을 숨겨 주는 선을 베풀었기 때문입니다(수 2장). 이렇게 하나님께서는 오래 참고 용서하실 뿐 아니라, 의로운 사람은 멸하시지 않는 분입니다. 사랑과 공의로 다스리시며, 비록 이방인이라 해도 선을 행하며 하나님을 찾는 사람은 만나 주고 구원을 베푸십니다.

악인이라도 회개하면 용서하시는 하나님

하나님께서는 니느웨에 어떠한 사랑과 용서를 베푸셨습니까? 니느웨는 이스라엘을 괴롭히던 적국 앗수르의 수도였는데, 얼마나 부패했던지 그들의 악행이 하나님 앞에 상달될 정도였지요. 그런데도 하나님께서는 그들을 바로 멸하지 않고 회개할 기회를 주기 위해 요나 선지자를 보내 경고하고자 합니다.

요나는 적국의 수도가 멸망하기를 바랐기에 순종하지 않고 다시스로 도망합니다. 그러던 중 대풍을 만납니다. 파선할 위기에 놓이자 선원들이 누구 때문인지 알기 위해 제비를 뽑습니다. 결국 요나가 뽑혔고 그는 바다에 던져져 큰 물고기 뱃속에 들어갑니다. 그곳에서 요나는 불순종을 회개하며 부르짖어 기도합니다.

그 기도를 들으신 하나님께서는 용서하시고 물고기를 주관하여 육지에 요나를 토해내게 하십니다. 결국 요나는 니느웨로 가서 "40일이 지나면 니느웨가 무너지리라"고 외칩니다. 이 예언은 그들의 죄악이 넘쳐나서 도저히 용서가 불가능한 상태임을 의미하지요. 그러자 니느웨 백성은 겸비한 마음으로 하나님을 믿고 금식하며 회개하였습니다.

니느웨 백성이 돌이켜 회개하니 하나님께서는 용서하셨습니다. 에스겔 33장 14~15절에 "가령 내가 악인에게 말하기를 너는 죽으리라 하였다 하자 그가 돌이켜 자기의 죄에서 떠나서 법과 의대로 행하여 전당물을 도로 주며 억탈물을 돌려보내고 생명의 율례를 준행하여 다시는 죄악을 짓지 아니하면 그가 정녕 살고 죽지 않을지라" 하신 대로 악인이라도 회개하니 용서하신 것입니다.

하나님께서 니느웨를 용서하자 요나는 화를 내며 불평합니다. "이제 내 생명을 취하소서 사는 것보다 죽는 것이 내게 나음이니이다" 했지요. 니느웨가 회개하여 무너지지 않으니 속이 상한 것입니다. 혹시나 하는 마음에 요나는 성에서 나가 초막을 짓고 그 그늘에 앉아 이제 성읍이 어떻게 되는지 보려 하였습니다.

그런 요나를 깨우쳐 주려고 하나님께서는 박넝쿨이 자라 그늘을 드리우게 하셨습니다. 니느웨가 있는 중동지방은 태양빛이 매우 뜨거운 반면 습도가 적어 그늘 아래 있으면 더위를 피할 수 있습니다. 머리를 가릴 수 있는 시원한 그늘이 생기자 요나는 몹시 기뻐하였습니다. 그런데 다음 날 새벽 하나님께서 벌레를 보내 박넝쿨을 갉아먹게 하십니다. 그러자 넝쿨이 이내 시들어 버렸습니다.

이슥고 아침이 되니 햇빛이 쨍쨍 내리쬐었고, 하나님께서 뜨거운 동풍까지 불게 하셨습니다. 너무 더워 정신이 몽롱할 지경이었지요. 견디다 못한 요나가 또다시 죽기를 구하였습니다. 전날 자신에게 그늘이 되어 준 박넝쿨이 시들어 버린 것을 생각하니 아까워서 화를 내기까지 했습니다. 그때 하나님께서 "이 박넝쿨로 인하여 성냄이 어찌 합당하냐?"며 깨우쳐 주십니다. 네가 하찮은 박넝쿨도 이렇게 아끼는데 하물며 큰 성읍 니느웨는 사람이 십이만여 명이고 육축도 많으니 어찌 하나님께서 아끼시지 않겠느냐는 것입니다.

이 말씀에서 우리는 하나님께서 결코 악인이 멸망하기를 기뻐하지 않으시고 오히려 그들이 돌이켜 용서받기 원하시는 것을 알 수 있습니다. 또한 요나는 툭 하면 성을 냈지만 하나님께서는 노하기를 더디 하며 인자하셔서 이해하지 못하는 그에게 비유까지 들어 자상하게 설명하십니다. 하나님의 깊은 사랑과 용서의 마음을 느낄 수 있습니다.

동이 서에서 먼 것같이 죄과를 옮기시는 하나님

어떤 이는 "왜 저런 악한 사람에게 하나님이 벌을 내리시지 않을까?"라고 말합니다. 그러나 하나님의 마음은 사람의 마음과 달라서 모든 사람이 구원에 이르기 원하십니다(딤전 2:4). 우리도 이러한 하나님의 사랑 까닭에 구원에 이를 수 있었습니다.

다윗도 큰 죄를 범하고 나서 깨달은 즉시 회개하니 하나님께서 용서하셨습니다. 히스기야의 아들 므낫세도 우상 숭배와 악을 행하다가 바벨론에 포로로 끌려갔을 때에 하나님 앞에 겸비하게 회개하였더니 다시 왕위를 회복하게 하셨습니다. 사도 바울도 원래 예수 믿는 사람들을 몹시 핍박하는 사람이었습니다. 그러나 하나님께서는 그를 깨뜨려 예수 그리스도를 전하는 대사도로 만드셨습니다. 그리고 철저히 깨닫고 돌이킨 그의 죄를 다시 묻지 않으셨지요.

시편 103편 12절에 그 언약을 지키고 그 법도를 기억하여 행하는 자에게는 '동이 서에서 먼 것같이 우리 죄과를 우리에게서 멀리 옮기신다' 했습니다. 무조건 용서하신다는 것이 아니라 그 언약을 지키고 그 법도를 기억하여 행하는 자에게, 즉 회개하고 돌이킨 자에게 그렇게 하신다는 말씀입니다. 사람들은 상대의 허물을 두고두고 기억하며 말하기도 합니다. 그런데 하나님께서는 모든 죄를 동이 서에서 먼 것같이 기억지 않으시니 얼마나 아름다운 용서의 마음입니까?

이러한 용서와 사랑의 하나님께서 어찌 악인이라 하여 멸하기를 기뻐하시겠습니까? 결코 그렇지 않습니다. 악인이라 해도 죄를 미워할 뿐 사람을 미워하시는 것이 아닙니다. 죄에서 돌이킬 때에는 의인으로 인정해 주시지요.

누가복음 15장에는 이러한 하나님의 마음이 잘 나타나 있습니다. 양 일백 마리를 가진 목자가 그중에 잃어버린 한 마리 양을 찾을 때까지 두루 찾아다닌다는 내용입니다. 애타게 양을 찾는 목자의 심정이 바로 하나님의 마음입니다. 목자는 잃은 양을 찾았을 때 얼마나 기쁘고 즐거운지 양을 어깨에 메고 돌아와 벗과 이웃을 불러 모으고 "함께 즐기자" 말합니다. 하나님의 마음도 이러하기에 누가복음 15장 7절에 "이와 같이 죄인 하나가 회개하면 하늘에서는 회개할 것 없는 의인 아흔아홉을 인하여 기뻐하는 것보다 더하리라" 하십니다. 죄인 하나가 회개하고 돌이키면 용서하시고 하늘의 천군 천사들과 함께 기뻐하십니다.

이것이 하나님의 마음이니 자녀 된 우리도 원수 맺는 일이나 미움, 좋지 않은 감정이 있어서는 안 됩니다. 그런 것을 버리고 서로 용서하고 사랑하며 화목할 때 하나님의 응답이 오는 것입니다.

사랑과 용서로 화목을 이루어야 응답

마태복음 5장 23~24절을 보면 "예물을 제단에 드리다가 거기서 네 형제에게 원망 들을 만한 일이 있는 줄 생각나거든 예물을 제단 앞에 두고 먼저 가서 형제와 화목하고 그 후에 와서 예물을 드리라" 하였습니다. 형제를 미워하는 마음을 회개하고 돌이킨 후 예물을 드려야 하나님께서 기뻐 받으시고 축복하신다는 것입니다.

살다 보면 내 생각에 맞지 않는 일이나 애매한 일을 당하기도 합니다. 그로 인해 원수 맺거나 반목하며, 싫어하고 미워하는 일이 생길 수 있습니다. 그러나 다른 사람의 허물이나 죄를 용서하지 못한다면 우리가 어떻게 하나님께 용서받을 수 있겠습니까? 예수님께서 가르쳐 주신 기도에도 "우리가 우리에게 죄 지은 자를 사하여 준 것같이 우리 죄를 사하여 주옵시고"라고 하셨으니 형제의 죄를 용서해야 하나님께서도 나의 죄를 용서하시는 것입니다.

어떤 사람이 주인에게 갚을 수 없을 만큼 많은 빚을 졌는데 주인이 불쌍히 여겨 빚을 탕감해 주었습니다(마 18장). 그런데 그는 자기에게 아주 적은 빚을 진 동관을 만나자 용서치 않고 옥에 가두고 말았습니다. 얼마나 기막힌 일입니까? 이를 안 주인이 노하여 그 사람을 불러 말했습니다. "악한 종아, 네가 빌기에 내가 네 빚을 전부 탕감하여 주었거늘 내가 너를 불쌍히 여김과 같이 너도 네 동관을 불쌍히 여김이 마땅치 아니하냐" 며 그가 빚을 다 갚을 때까지 관원들에게 넘겨주었습니다.

하나님은 사랑과 용서로 서로 화목하기를 원하십니다. 하나님께서는 죄인 된 인류를 구원하기 위하여 독생자도 아끼지 않는 놀라운 사랑을 베푸시고 모든 죄를 용서해 주셨습니다. 우리는 이러한 은혜를 입은 사람으로서 모든 사람을 사랑하고 용서하며 화목해야 합니다. 자신을 돌아보아 미움, 시기, 질투, 판단, 정죄 등 모든 악을 버리고 서로 용서하며 사랑함으로 늘 하나님의 응답과 축복이 넘쳐나시기 바랍니다.

주지 승려에서 하나님의 사람으로

이동선 집사
(남, 서울)

'나는 누구인가? 인생은 어디서 와서 어디로 가는가?'

인생의 근본 문제에 대한 해답을 얻기 위해 저는 열아홉 살 때 침례 교단에서 신학을 공부했습니다. 그러나 성경이 시원하게 풀리지 않아 회의에 빠졌습니다. 그러던 1962년, 폐결핵에 걸려 탈진 상태가 되었는데 어머니는 저를 절에 데리고 가셨습니다. 산사에서 요양하며 건강을 회복한 후 결혼하였으며, 다시 산사로 들어갔습니다.

1964년, 인생의 근원적인 문제에 대한 해답을 얻기 위해 저는 통도사에서 삭발을 하고 불교에 입문하였습니다. 1976년, 모 사찰의 주지로 임명받은 후 불철주야 수행에 정진했지요. 그런데 1996년, 우연히 교단내의 분쟁에 휘말리면서 회의에 빠진 저는 환속(還俗)을 결심하였습니다. 결국 32년 만에 세속으로 돌아왔습니다.

남편 노릇도 못하고 빈손으로 돌아온 저였지만, 아내는 말없이 용서하고 따뜻하게 맞아 주었습니다. 그동안 작은 식당을 운영하며 혼자 2남 1녀를 키우느라 숱한 고생을 한 아내에게 한없이 미안했습니다. 그런데 제가 또 한 번 실수를 하였습니다. 2000년 7월, 친구에게 보증을 서 주었다가 그만 남의 빚을 떠안게 된 것입니다. 그 빚을 갚느라 은행 돈과 사채를 빌리면서 심한 스트레스를 받아 여러 질병을 얻고 고통을 받았습니다.
매일 진통제 열 알과 소주 두 병을 마셔야 잠을 잘 수 있었습니다. 결국 진통제 과다 복용으로 언어 장애가 생겨 말이 나오지 않고 귀도 점점 들리지 않았습니다. 2002년에는 뇌수종이라는 진단까지 받았고 심근경색으로 인해 견디기 어려운 통증을 겪었습니다. 병원에서는 수술해야 한다고 했지만 수술비도, 살아갈 의지도 없었기에 수술을 받지 않았습니다. 또 허리 디스크로 5분 이상 서 있으면 오른쪽 다리에 마비가 와 지팡이에 의지해야 했습니다.

2003년 11월, 저는 채권자의 손에 끌려 금천경찰서에 갔습니다. 당시 저는 매일 빚 독촉에 시달렸고 밤에는 뇌수종으로 인한 고통을 견딜 수 없어 아내와 동반자살을 결심한 상태였습니다. 그런 저에게 담당 경찰관이 전도를 했습니다. 머리 통증을 호소하는 저에게 이재록 목사의 음성전화사서함(자동응답서비스) 환자 기도를 받게 해 주었습니다. 주일 아침이 되자 집 앞에 차를 대기해 놓고 교회에 가자고 권하였습니다.
2003년 12월 7일, 저는 만민중앙교회에 출석하여 '영혼육'에 대한 설교 말씀을 들었습니다. 말씀을 통해 내가 찾던 인생의 문제에 대한 해답이 여기 있음을 깨닫고 신앙생활을 시작하였습니다.

2004년 5월, 이재록 목사님의 생신축하예배에 참석했습니다. 어느 여 성도가 기도받고 유방암을 치료받았다는 간증을 듣고 '나도 치료받을 수 있다'는 소망이 생겼습니다. 예배 후 교구장님이 저의 신상에 관해 이재록 목사님께 소개해 주었습니다. 목사님은 저의 손을 꼭 잡아 주셨습니다. 바로 그 순간 머리끝부터 발끝까지 말로는 형용하기 어려운 짜릿한 기운이 타고 흘렀습니다. 그러면서 허리 부분에 바람이 휘돌고 있는 것 같은 느낌이 왔습니다.

인사를 마치고 집으로 오는 길에 전과는 달리 아무 통증이 없었습니다. 저는 만원 버스 안에서 소리 없이 울었습니다. 감사와 기쁨, '이젠 나도 살았다'는 안도감이 교차하면서 마음이 벅차올랐습니다. 이재록 목사님과 악수하는 순간 그토록 심했던 두통과 허리 디스크, 다리 마비, 언어 장애, 심근경색 증세가 모두 사라졌기 때문입니다.

그 후 저는 가정예배를 드리며 다니엘 철야 기도회에 나가기 시작했고 성경을 열심히 읽었습니다. 아내 박을순 집사도 신경쇠약, 위궤양, 허리 디스크, 양팔과 무릎 관절염, 30년 된 치질 등으로 심한 고통을 받았는데 무안단물을 마시고 위장병과 치질이 깨끗하게 치료되었습니다. 또 예배 시 환자 기도를 믿음으로 받아 다른 질병들도 다 치료받았는데 오른쪽 귀가 울리고 들리지 않는 것만은 여전하였습니다. 귀에서 소리가 나기 시작하면 멀미하는 것처럼 어지러운 증상과 구토가 계속되었습니다. 한 번 시작되면 2~3일 계속되어 지켜보는 가족도 고통을 받았습니다. 그런데

2008년 5월, 아내가 이재록 목사님을 뵙고 악수하는 기회가 있었는데 그 때 그것마저 깨끗하게 치료받았습니다.

또 하나님께서는 저의 시력도 회복시켜 주셨습니다. 2007년 5월, 꿈속에 제가 성전에서 무릎을 꿇고 방언으로 기도하고 있었습니다. 그 모습을 보시던 이재록 목사님이 웃으면서 "기도는 그렇게 하는 것입니다. 아버지 하나님께서 기뻐 받으세요." 하며 제 머리에 손을 얹고 기도해 주셨습니다. 꿈속이었지만 생생한 현실처럼 느껴졌습니다. 그 날 이후 안경이 필요 없게 되었습니다. 안과에서 검진해 보니 0.02이던 양쪽 눈이 모두 1.0 정상으로 나왔습니다.

이제 저의 가정은 주일에는 아들과 딸의 식구를 포함해 열 명이 한자리에 모여 예배드리며 각자 교회에서 봉사하기에 힘쓰고 있습니다. 생명의 말씀과 권능으로 인생의 모든 문제를 해결해 주시고 진리 안에서 자유를 찾게 하신 하나님께 모든 감사와 영광을 돌립니다.

Chapter 5

심령이 감각되지 아니하였느냐

나아만이 가로되 바라건대 두 달란트를 받으라 하고 저를 억제하여 은 두 달란트를 두 전대에 넣어 매고 옷 두 벌을 아울러 두 사환에게 지우매 저희가 게하시 앞에서 지고 가니라 언덕에 이르러는 게하시가 그 물건을 두 사환의 손에서 취하여 집에 감추고 … 엘리사가 이르되 그 사람이 수레에서 내려 너를 맞을 때에 내 심령이 감각되지 아니하였느냐 … 게하시가 그 앞에서 물러나오매 문둥병이 발하여 눈같이 되었더라 **열왕기하 5:23~27**

하나님 앞에 죄를 짓지 않고 선하게 사는 사람일수록 죄악을 보면 마음 아파하며 애통하게 됩니다. 하나님께서도 악을 미워하시므로 사랑하는 자녀들이 죄를 피 흘리기까지 싸워 버리고 악은 모양이라도 버려서 책망받을 것이 없기 원하십니다. 그런데 하나님을 믿는다고 하면서도 죄에 대해 무감각하며 자신의 죄악을 깨닫지 못하는 사람들이 있습니다. 바로 엘리사의 사환인 게하시가 그랬습니다.

하나님의 사람 엘리사를 찾아온 나아만

약 2,800년 전 이스라엘에는 엘리사라는 선지자가 있었습니다. 그는 엘리야의 제자로서 스승을 끝까지 붙좇아 갑절의 영감을 얻은 하나님의 종입니다. 당시 이스라엘과 인접한 아람이라는 나라에는 나아만이라는 군대 장관이 있었습니다. 그에게는 부귀와 명예, 권세가 있었지만 한편으론 커다란 고민이 있었습니다. 자신이 가진 부귀영화로도 어찌할 수 없는 한센병(문둥병)에 걸린 것입니다.

불치병으로 삶의 기쁨을 누리지 못하던 어느 날 그는 기쁜 소식을 들었습니다. 예전에 이스라엘을 공격했을 때 사로잡아 온 여자아이가 엘리사 선지자에게 가면 문둥병도 나을 수 있다는 것입니다. 선한 마음을 가진 나아만은 포로로 잡혀온 아이의 말이라도 무시하지 않고 받아들였습니다. 아람 왕에게 허락을 얻은 그는 은 열 달란트, 금 육천 개에다 값비싼 의복 열 벌까지 준비해 하인들과 함께 즉시 이스라엘로 떠납니다.

드디어 나아만은 엘리사의 집 앞에 도착했습니다. 큰 나라의 군대 장관이니 그 행렬이 대단했을 것입니다. 그런데 잠시 후 사환이 나오더니 선지자의 말을 전했습니다. 요단강에 가서 일곱 번 씻으면 깨끗이 회복된다는 것입니다. 나아만은 기가 막혔습니다. 먼 곳에서 정성껏 예물을 준비하여 찾아왔는데 나와 보지도 않고 사환을 시켜 말을 전하는 것입니다. 자존심도 상했습니다. 그가 생각하기에 자기는 아람의 최고 군대 장관이니 엘리사가 직접 나와 특별한 비법으로 문둥병을 치료할 줄 알았습니다. 그런데 기대에 어긋난 것입니다.

더구나 대단해 보이지도 않는 요단강에 가서 몸을 씻으라니 할 말을 잃었습니다. 아람에는 요단강보다 좋은 강이 얼마든지 있습니다. 강물에 몸을 씻어 나을 것 같으면 이렇게 멀리까지 올 필요도 없었지요. 여기까지 생각하니 나아만은 너무 분하였습니다. 잔뜩 부푼 기대가 일시에 무너져 내렸습니다.

치료받고 하나님께 영광 돌린 나아만 장군

비참한 심경으로 고국으로 돌아가려는 그에게 종들이 말합니다. “내 아버지여 선지자가 당신을 명하여 큰 일을 행하라 하였더면 행치 아니하였으리이까 하물며 당신에게 이르기를 씻어 깨끗하게 하라 함이리이까” 생각해 보니 종들의 말에도 일리가 있었습니다. 그래서 나아만은 마음을 돌이켜 순종하지요. 종들의 말에도 귀 기울이는 모습에서 그의 겸손과 선을 엿볼 수 있습니다.

나아만은 요단강으로 가 몸을 잠그기 시작합니다. 한 번, 두 번, 아무런 변화가 없었지만 끝까지 순종하여 일곱 번째 몸을 잠갔습니다. 그때 놀라운 일이 일어났습니다. 병으로 흉측하던 피부가 어린아이의 살같이 된 것입니다.

왜 요단강 물에 일곱 번 잠갔을 때 치료의 역사가 나타난 것일까요? 요단강은 영적으로 구원을, 물은 영적으로 하나님 말씀을 의미합니다. 즉 말씀으로 깨끗이 씻고, 온전히 진리 가운데 살면 어떠한 병이라도 치료된다는 의미가 담겨 있습니다. 또 일곱은 완전 수이므로 일곱 번 씻는 것은 완전하게 씻어야 함을 의미합니다.

나아만은 가슴이 벅차고 감사하여 다시 엘리사의 집을 찾아가 준비해온 예물로 감사의 마음을 전하고자 합니다. 그러나 엘리사는 예물을 사양하며 끝내 받지 않았습니다. 거듭 감사의 인사를 드린 나아만은 이제부터 하나님만 섬기겠다 고백하고 자기 나라를 향해 떠났습니다.

엘리사를 속이다가 문둥병에 걸린 게하시

한편 엘리사에게는 게하시라는 사환이 있었는데, 그는 나아만이 가져온 예물이 몹시 탐났습니다. 그래서 일행의 뒤를 쫓아갔습니다. 게하시가 뒤에서 달려오는 것을 본 나아만은 수레에서 내려 그를 맞이했습니다. 이때 게하시는 교묘히 거짓말을 합니다. “우리 주인께서 나를 보내시며 말씀하시기를 지금 선지자의 생도 중에 두 소년이 에브라임 산지에서부터 내게 왔으니 청컨대 당신은 저희에게 은 한 달란트와 옷 두 벌을 주라 하시더이다”

그렇지 않아도 은혜를 갚고 싶었는데 나아만은 반색하며 은 한 달란트를 더하여 두 달란트를 옷 두 벌과 함께 주었습니다. 게하시는 그것을 가져다가 자기 집에 감추고는 아무 일도 없다는 듯 엘리사 앞에 섰습니다.

"게하시야 네가 어디서 오느냐"

"내가 아무 데도 가지 아니하였나이다"

거짓말로 둘러대는 게하시에게 엘리사는 무서운 말을 합니다. "그 사람이 수레에서 내려 너를 맞을 때에 내 심령이 감각되지 아니하였느냐 지금이 어찌 은을 받으며 옷을 받으며 감람원이나 포도원이나 양이나 소나 남종이나 여종을 받을 때냐 그러므로 나아만의 문둥병이 네게 들어 네 자손에게 미쳐 영원토록 이르리라" 욕심을 좇아 하나님의 선지자를 속인 게하시는 결국 한센병(문둥병)이 드는 참으로 비참한 신세가 되었습니다.

모든 것을 보고 아시는 하나님

아무도 자기 행동을 알지 못하리라 생각했지만 하나님께서는 알고 계셨고 하나님께서 알려 주시니 엘리사도 그 모든 일을 훤히 알 수 있었습니다. 그래서 게하시가 거짓말을 할 때에 엘리사는 '내 심령이 감각되지 아니하였느냐' 한 것입니다. 이처럼 하나님께서는 알지 못하시는 것이 없음을 알 수 있습니다.

가인이 아무도 몰래 동생 아벨을 쳐 죽였을 때에도 하나님은 다

알고 계셨습니다(창 4장). 그래서 가인에게 "네 아우의 핏소리가 땅에서부터 내게 호소하느니라" 하셨습니다. 아브라함에게 아들을 약속하셨을 때에 사라가 속으로 웃은 것도 다 아셨습니다(창 18장). 당시 사라는 나이가 많아 늙었고 경수도 이미 끊어진 뒤였기에 어찌 그런 일이 있을까 생각하고 웃었습니다. 이처럼 하나님께서는 보이지 않는 곳에서 일어난 일도 다 아십니다(시 121:4).

하나님과 하나이신 예수님께서도 어느 곳에서 누가 무슨 말, 무슨 생각을 하는지 다 아셨습니다. 요한복음 1장 47절을 보면 예수님이 나다나엘을 처음 보고도 "이는 참 이스라엘 사람이라 그 속에 간사한 것이 없도다" 하며 칭찬하셨습니다. 또 예수님께서 중풍 환자를 고치실 때 "네 죄 사함을 받았느니라" 하신 말씀을 듣고 서기관들이 속으로 분에 넘친다고 생각하였습니다(마 9장). 그때 예수님은 "너희가 어찌하여 마음에 악한 생각을 하느냐" 말씀하십니다. 마음에 품은 생각까지도 다 아신 것입니다.

하나님과 예수님뿐만 아니라, 하나님의 사람들 역시 보통 사람으로는 알 수 없는 일을 밝히 알았습니다. 하나님과 늘 교통하기 때문에 하나님께서 필요에 따라 보여 주신 것입니다. 엘리사는 가만히 앉아서도 아람 왕이 그 심복들과 비밀리에 어떤 작전을 의논하는지 알았습니다(왕하 6:8~12). 당시 이스라엘과 아람은 전쟁이 잦았는데 이스라엘 왕에게 그 작전을 전해 줌으로 그때마다 방비

할 수 있었습니다. 이 사실을 알지 못하는 아람 왕은 자기 측근 중에 이스라엘의 첩자가 있는 줄 생각하고 번민할 정도였습니다.

베드로도 마찬가지입니다. 아나니아와 삽비라 부부가 소유를 팔아 하나님께 드리기로 작정하였는데(행 5장), 막상 돈을 쥐니 아까운 생각이 들어 얼마를 감추고 전부인 양 가져왔습니다. 아무도 모르게 한 일이지만 베드로는 알았고, 하나님을 속이려 한 아나니아를 엄히 책망하자, 그 자리에서 죽고 말았습니다. 이를 알지 못하는 삽비라 역시 남편과 똑같이 거짓말을 합니다. 그러자 베드로가 "네 남편을 장사하고 오는 사람들의 발이 문 앞에 이르렀으니 또 너를 메어 내가리라" 하니 삽비라도 죽고 말았지요. 아무리 은밀히 행한다 해도 하나님 앞에서는 숨길 수 없습니다. 이들 부부에 대해 성경에 기록하신 것도 성령을 속이고 주의 종을 속이면 그만큼 화가 미침을 알게 하기 위해서입니다.

정직한 마음으로 순종해야 응답

하나님께서는 그의 자녀들이 과연 가르침대로 십일조와 감사예물을 잘 드리는지, 믿음으로 행하는지, 기도하고 순종하는지 등 모든 것을 보고 계십니다. 사람이 보기에는 십일조와 감사예물을 잘 드리고 기도도 잘하니 신앙이 좋은 것 같지만 하나님께서는 마음 중심을 보시기 때문에 속일 수 없습니다. 부모 형제나 사람 사이에서도 서로 속이는 일이 없어야 하지요.

하나님을 속이는 것에는 거짓말뿐 아니라 과장하고 보태는 것과 도적질도 포함됩니다. 또한 십일조, 감사예물 등을 마음에 작정하고 하지 않는 것, 기도하는 척하는 것, 중심으로 행하지 않는 것, 기도하라는 성령의 주관에 순종하지 않는 것, 금식하다가 중도에 포기하는 것, 그 밖에도 많은 것이 있습니다.

우리가 하나님을 속이거나 죄를 지으면 하나님이 두렵게 느껴집니다. 이런 마음이 있기 때문에 정직한 길로 갈 수 있고, 온전한 모습으로 나올 수 있습니다. 연단받을 때에는 두렵고 어려운 것 같지만 값진 연단의 시기가 있기에 결국 응답받는 형통한 길로 가는 것입니다. 마치 아이가 잘못된 길로 갈 때 부모가 책망하거나 바른 길로 이끄는 것이 사랑이듯이, 연단도 우리를 향한 하나님의 사랑입니다. 모든 것이 생각의 차이이므로 범사에 정직한 길로 행하되 결코 하나님을 속이는 일이 없어야 하겠습니다.

Chapter 6

모든 것에 화목하라

사람의 행위가 여호와를 기쁘시게 하면 그 사람의 원수라도 그로 더불어 화목하게 하시느니라 **잠언 16:7**

화목하고 행복한 어느 가정이 있습니다. 가족 구성원들이 하나님을 믿기 전에는 각자 자기 생각과 욕심이 있기 때문에 서로 간에 사랑을 찾아보기 힘들었고 당연히 행복을 느낄 수도 없었지요. 함께 즐거워하는 것 같다가도 자기 유익에 맞지 않으면 금방 다툼이 일어나곤 했습니다.

그런데 이 가정에 놀라운 변화가 생겼습니다. 가족 중의 한 사람이 예수 그리스도를 영접한 것입니다. 그가 성령으로 충만하여 복음을 전하니 한 사람 한 사람 주님을 영접하여 가정이 복음화되었습니다. 상대의 유익을 구하고 서로 낮아지고 용서하며 참는 진리의 마음이 되니 예전의 모습을 찾아볼 수 없게 되었지요. 자연히 사랑하고 이해하며 화평하게 되었습니다. 만나면 하나님 말씀으로 대화하고 어떤 문제가 생기면 서로를 위해 금식하며 기도해 주었습니다. 이렇게 주 안에서 아름다운 가정이 되니 얼마나 신속히 응답받겠습니까?

화목의 중요성

사람들 사이에 종종 다툼이 일어나고 화목하지 못한 모습을 봅니다. 그 이유는 무엇일까요? 대부분 자기 생각이나 주장이 옳다고 여기기 때문입니다. 하지만 선하고 옳은 분은 하나님 한 분뿐이며, 하나님과 하나이신 예수 그리스도의 가르침만이 진리입니다(요 14:6).

만일 사람이 태어나면서부터 진리로만 가르침 받고 진리 안에 산다면 주님의 마음을 닮아 모두와 화평할 수 있을 것입니다. 그러나 우리는 부모나 스승, 이웃이나 친구들로부터 배웠고 그중에는 진리가 아닌 것이 많습니다. 이러한 것을 바탕으로 정립한 이론이나 사고방식과 양심은 사람마다 다르기 때문에 화목하지 못한 것입니다.

그러므로 우리는 무엇이 옳고 그른지 잘 분별해야 합니다. 사도 바울이 '내 주 그리스도 예수를 아는 지식이 가장 고상하다'(빌 3:8), '내가 그를 위하여 모든 것을 잃어버리고 배설물로 여긴다'

고백한 것과 같이 자신이 옳다 여기는 것을 깨뜨리고 하나님 말씀으로 변화되어야 화목할 수 있습니다.

하나님께서는 "모든 사람으로 더불어 화평함과 거룩함을 좇으라 이것이 없이는 아무도 주를 보지 못하리라"(히 12:14) 하셨고, "화평케 하는 자는 복이 있나니 저희가 하나님의 아들이라 일컬음을 받을 것임이요"(마 5:9) 하셨습니다. 화평이 얼마나 중요하며 하나님께서 귀히 여기시는지 알 수 있습니다.

화목하지 못할 때의 고통

우리가 예수 그리스도를 영접하고 진리의 사람으로 변화되어 서로 섬기며 사랑하면 화목하게 살 수 있습니다. 그러나 내 생각, 내 이론, 내 방식이 옳다고 주장하며 고집하면 화목할 수 없고 서로 고통을 받습니다. 성경에도 그런 예가 있습니다.

원래 아브라함의 가정은 화목하며 별다른 걱정이 없었습니다. 아내 사라가 잉태하지 못하는 것이 유일한 근심거리였습니다. 하나님께서는 아브라함이 75세 때에 자녀를 주겠다 약속하셨지만 그 후로 10년이 넘도록 사라에게는 잉태의 소식이 없었습니다. 기다리다 못한 사라는 자녀를 얻고 싶은 마음에 아브라함에게 자기의 여종 하갈을 첩으로 줍니다. 하나님께 전폭적으로 맡겼으면 아무 문제가 없었을 텐데 그리하지 못한 것입니다.

하갈이 첩으로 들어오면서 고통이 시작됩니다. 하갈이 잉태하자 여주인 사라를 멸시한 것입니다. 사라는 아브라함을 원망하며 하갈을 학대합니다. 결국 학대를 견디지 못한 하갈은 도망가지요. 여호와의 사자를 만나 다시 돌아온 하갈은 아들 이스마엘을 낳았지만 그는 하나님이 약속하신 아들이 아니었습니다.

하나님의 응답은 이스마엘이 태어난 지 14년 후에 주어졌는데 90세 된 사라가 아들 이삭을 낳았습니다. 이삭이 태어나자 또 다른 문제가 생겼습니다. 이스마엘이 이삭을 희롱하는 것입니다. 이를 본 사라가 참지 못하고 아브라함에게 하갈과 이스마엘을 내쫓자고 합니다.

아브라함은 깊이 근심했습니다. 그러나 하나님께서 사라의 뜻을 따르도록 하시니 순종하여 하갈과 이스마엘을 내보냅니다. 비록 약속의 아들은 아니지만 이스마엘을 떠나 보내야 하는 아브라함의 심정이 어떠했겠습니까? 아버지 곁을 떠나야 하는 이스마엘 역시 고통스러웠겠지요. 하나님께서 자녀를 주실 때까지 기다리지 못하고 인간적인 방법으로 문제를 해결하려 한 결과 이러한 고통이 따른 것입니다.

야곱은 어떠하였습니까? 그에게는 레아와 라헬이라는 두 아내가 있었습니다. 레아와 라헬은 자매지간이지만 남편의 사랑을 얻기 위해 서로 투기했습니다. 레아가 아들을 네 명이나 낳는 동안 아들을 낳지 못한 라헬은 자신의 여종을 야곱에게 첩으로 줍니다. 언니 레아도 지지 않고 자신의 여종을 첩으로 주지요. 야곱은 서로 질투하는 네 여인들 사이에서 과연 행복했겠습니까?

더욱 불행한 일은 그 영향이 아들들에게까지 미쳤다는 것입니다. 야곱에게는 네 명의 아내에게서 얻은 열두 명의 아들이 있었습니다. 그중 열한 번째 아들인 요셉은 야곱이 가장 사랑하는 아내 라헬의 소생으로서 아버지의 사랑을 독차지합니다. 게다가 요셉이 형들의 과실을 아버지에게 알리곤 하여 형들은 그가 눈엣가시처럼 미웠습니다. 결국 형들이 공모하여 요셉을 노예로 팔고 아버지에게는 그가 들짐승에게 잡아먹혔다고 거짓말을 합니다. 야곱은 요셉을 잃고 큰 고통을 받았습니다.

이처럼 우리 인생은 하나님 말씀대로 행하지 않으면 화목하지 못하며 불행합니다. 전도서 1장 13~14절에 "하늘 아래서 행하는 모든 일을 궁구하며 살핀즉 이는 괴로운 것이니 하나님이 인생들에게 주사 수고하게 하신 것이라 내가 해 아래서 행하는 모든 일을 본즉 다 헛되어 바람을 잡으려는 것이로다" 말씀합니다. 하나님을 떠난 삶은 괴롭고 헛되기 때문입니다.

진정한 행복을 얻는 길

그러면 우리가 어떻게 해야 진정한 행복을 얻을 수 있을까요? 잠언 16장 7절에 "사람의 행위가 여호와를 기쁘시게 하면 그 사람의 원수라도 그로 더불어 화목하게 하시느니라" 하셨으니 화목하지 못해 고통받는다면 하나님을 기쁘시게 하면 됩니다. 그럴 때 하나님께서 원수까지라도 화목하게 하고 우리 앞에 놓인 모든 문제를 해결해 주십니다.

다윗의 뒤를 이어 왕이 된 솔로몬은 자신에게 꼭 필요한 것이 백성을 다스릴 지혜라는 것을 알았습니다. 주변에 많은 스승이 있었지만 그들에게 구하지 않고 지혜의 근본이신 하나님께 직접 구하기로 마음을 정했지요. 백성들과 함께 정성을 다해 일천 번제를 드렸습니다. 번제란 구약 시대의 제사법을 말하는데 제물로 가져온 짐승을 제단 위에 올려서 전부 불태워 향기로운 냄새로 하나님을 기쁘시게 하는 것입니다. 물론 이때 하나님이 받으시는 것은 제사 드리는 사람의 마음의 향입니다.

솔로몬의 정성을 받으신 하나님께서는 기뻐하셔서 그의 꿈에 나타나 “내가 네게 무엇을 줄꼬 너는 구하라” 하셨습니다. 그때 솔로몬은 왕으로서 백성을 잘 다스릴 수 있는 지혜를 구합니다. 자신의 유익이나 부귀영화를 구하지 않고 지혜를 구하는 그를 하나님께서는 더욱 기뻐하며 전무후무한 지혜뿐 아니라 부귀영화까지 주셨습니다.

유다인으로서 바사(페르시아) 제국의 왕비가 된 에스더는 자기 민족이 몰살될 위기에 처했다는 소식을 사촌오빠 모르드개에게서 들었습니다. 아말렉 사람 하만의 간계로 모든 유다인이 생명의 위협을 받게 된 것입니다. 그때 에스더는 자신의 지혜를 동원하지 않고 먼저 하나님을 기쁘시게 했습니다. 수도인 수산 성에 사는 모든 유다인과 함께 삼 일 동안 물도 마시지 않고 금식하며 하나님께 간구하였습니다. 그런 뒤 자기 민족을 구하기 위해 죽음을 각오하고 왕 앞에 나갑니다.

당시 그 나라에는 왕이 부르지 않을 때 그 앞에 나가면 죽게 되는 법이 있었습니다. 왕이 금홀(금으로 된 지팡이)을 내밀어야만 살 수 있었지요. 이런 사실을 누구보다 잘 알았지만, 에스더는 자기 백성을 살리기 위해 생명의 위협을 무릅쓰고 왕 앞에 나간 것입니다. 그러자 하나님께서 왕의 마음을 주관하여 에스더가 매우 사랑스러워 보이게 하셨습니다. 나라의 절반이라도 주겠다며 여러 차례 소원을 말하라고 했지요(에 5:3~6, 7:2).

그러나 에스더는 하만의 계략을 즉시 폭로하지 않고 왕을 위한 잔치를 베풀며 하나님의 때를 기다렸습니다. 이러한 에스더의 모습을 기뻐하신 하나님께서 모든 상황을 주관하시니 에스더는 소원대로 민족을 구원할 수 있었습니다. 이처럼 어떤 상황에서도 하나님을 기쁘시게 하면 기도와 간구에 응답받고 마음의 소원까지도 이룰 수 있습니다.

화목의 축복을 받으려면

우리가 화목의 축복을 받기 위해 하나님을 기쁘시게 하려면 구체적으로 어떻게 해야 할까요? 먼저, 솔로몬처럼 하나님 말씀 듣기를 사모하며 즐겨 예배드리는 사람이 되어야 합니다. 하나님께서는 "나를 사랑하는 자들이 나의 사랑을 입으며 나를 간절히 찾는 자가 나를 만날 것이니라"(잠 8:17) 하셨습니다. 하나님을 사랑하여 말씀 듣기를 즐거워하며 열심히 예배에 참석하여 기도하고 찬양할 때 축복을 받을 수 있습니다.

또한 하나님의 법도를 좇으며 마음이 깨끗한 의인이 되어야 합니다. 하나님께서 가장 기뻐하시는 것은 죄를 버리고 성결하여 참된 의인이 되는 것입니다. 그리고 마음에 사랑이 있고 선을 행하며 덕을 베푸는 것을 기뻐하시지요. 이방인인 고넬료는 구제와 선행을 많이 하여 온 가족이 성령을 받아 구원받는가 하면 다비다는 죽었다가 다시 살아나는 축복을 받았습니다. 그 밖에도 전도하여 많은 영혼을 구원하거나 하나님의 사람을 정성껏 섬김으로 하나님을 기쁘시게 할 때 축복을 받을 수 있습니다(왕하 4장).

모든 것에 화목하라

우리는 하나님을 기쁘시게 함으로 모든 분야에 화목해야 합니다. 가정 안에서는 물론 이웃과도 화목해야 하지요. 부부간에 화목하면 자녀들은 자연스럽게 부모의 모습을 본받아 형제 자매간에 화목합니다. 이렇게 가정의 화목을 이룬 사람은 다른 사람과도 쉽게 화목할 수 있지요.

우리가 마음을 같이하여 진리로 하나 되면 안 될 것이 없습니다. 성경에 '부모를 공경하라, 형제와 우애하라, 아내를 사랑하고 남편에게 순복하라, 이웃을 내 몸같이 사랑하라' 하셨으니 말씀대로 행하면 결국 모든 사람과 화목하게 됩니다. 잠언 17장 1절에 "마른 떡 한 조각만 있고도 화목하는 것이 육선이 집에 가득하고 다투는 것보다 나으니라" 했습니다. 화목이 얼마나 값진 것인지 알려 주는 말씀입니다.

우리는 무엇보다 하나님과 화목해야 하며 나아가 가족은 물론 믿음의 형제, 이웃이나 친구, 직장 동료와 상사 등 모든 사람과 화목해야 합니다. 서로 원수 맺는 것, 미워하거나 시기 질투하는 것, 판단 정죄하며 헤아리고 수군거리는 것 등을 철저히 버리고 모든 것에 화목하여 하나님을 기쁘시게 하기 바랍니다.

죽음을 준비하던 이에게 일어난 일

장붕순 목사
(남, 경기 연천)

저는 휴전선 가까이에 있는 경기도 연천군에서 작은 교회를 담임하고 있는 목회자입니다. 제가 만민중앙교회를 처음 안 것은 2009년 8월 인터넷을 통해서였습니다. 당시 저는 '연하곤란' 이라는 병으로 고통받고 있었습니다. 이 병은 음식을 삼킬 때 식도를 내려가다가 지체되거나 중간에 걸려서 더 이상 내려가지 않아 심한 통증과 함께 호흡까지 곤란해지고 식은땀이 나는 등 밥 먹기가 무서운 병입니다.

처음에는 한두 달에 한 번 꼴로 이런 증상이 나타나더니 나중에는 반 공기도 채 안 되는 밥을 먹는 동안에도 몇 번이나 일어날 정도로 심해졌습니다. 엎친 데 덮친 격으로 언제부터인가 찬송을 부르면 호흡 곤란 증세까지 나타나 세 곡 이상 부를 수가 없었습니다. 게다가 조금만 일을 해도 현기증이 나고 얼굴이 창백해지면서 숨이 가빠 쓰러질 정도였지요.

저는 살날이 얼마 남지 않았음을 느끼고 조용히 죽음을 준비했습니다. 그때 제가 병원에 갈 생각을 하지 않았던 것은 이 세상에 사는 것보다 하루속히 죽는 것이 더 낫다고 생각했기 때문입니다. 제가 시무하는 교회는 아주 시골이라 젊은이들은 별로 없고 연로하신 성도님들이 대부분인데 거의 다 돌아가시고 더 이상 부흥도 되지 않았습니다. 상황이 이렇다 보니 실의에 빠져 컴퓨터 앞에 앉아 보내는 시간이 많아졌고, 전도할 마음도 용기도 잃었습니다. 기도도 못하고 죄도 이기지 못할 바에는 차라리 일찍 죽어 죄를 조금이라도 덜 짓고 천국에 가는 게 낫다고 생각했습니다.

그러던 중 인터넷에서 만민중앙교회를 알게 되었고 『죽음 앞에서 영생을 맛보며』, 『믿음의 분량』, 『나의 삶 나의 신앙』(1)(2), 『십자가의 도』 등 이재록 목사님의 여러 저서를 읽고 큰 은혜와 감동을 받았습니다. 특히 목사님의 자서전인 『나의 삶 나의 신앙』(2)을 읽으면서 감탄사가 저절로 나오며 충격에 휩싸였습니다.

"이것은 하나님의 사람만이 할 수 있는 권능이야! 지금 세상에도 이런 하나님의 사람이 있는가…"

그때부터 저는 만민중앙교회 홈페이지에 들어가 '창세기 강해'를 비롯해 각종 설교를 듣고 읽기 시작했습니다. 1백 번이 넘게 성경을 통독하면서도 풀리지 않던 궁금증들이 풀렸습니다. 저는 완전히 말씀에 푹 빠졌고, 예배를 인도해야 할 시간 외에는 두문불출하고 말씀을 듣고 보는 것에 모든 시간을 투자했습니다. 그러다 보니 약 6개월간 1천 편이 넘는 설교를 듣게 되었지요.

처음에 『믿음의 분량』 책을 읽을 때에는 제 신앙이 하나님 말씀대로 행하는 믿음은 된다고 생각했습니다. 그런데 말씀을 지속적으로 듣다 보니 겨우 구원받을 만한 믿음에 불과했습니다. 이를 깨닫고 직접 보고 들으며 더 배우고 싶어 금요철야예배에 참석하기 시작했습니다.

만민중앙교회에 와 보니 놀라지 않을 수 없었습니다. 본당을 비롯한 2~6성전, 유아실까지 성도들로 넘쳤고, 말씀을 경청하는 성도들의 눈빛과 성령 충만한 찬양 등은 상상을 초월했습니다. 저는 생명의 말씀을 통해 자신이 얼마나 잘못된 사람인지를 알아갔습니다. 여덟 번의 3일 금식을 하면서 목회자로서의 부끄러운 지난날을 회개하며 마음의 죄악을 버리려고 노력하며 기도했습니다.

어느 금요철야 2부 은사집회 때, 이재록 목사님께서 해 주시는 환자를 위한 기도를 받았습니다. 그 후 집에 와서 식사를 하는데 연하곤란 증상이 나타나지 않는 것입니다. 호흡 협착증과 무기력증도 나았겠다는 마음이 들어서 성전에 가서 찬송을 힘차게 불러 보았습니다. 부르고 불러도 아무렇지 않았습니다. 밭에 가서 삽질도 해보았습니다. 전혀 힘들지 않았지요. 너무 신기해 다시 한 시간이 넘도록 찬송을 불러 보았지만 숨이 차는 것이 아니라 오히려 은혜가 넘쳤습니다.

며칠 후에는 금식을 하면서 한나절 땅을 팠는데도 숨이 가쁘지 않고 힘들지 않았습니다. 진저리가 나도록 밥맛이 없어서 반 공기도 다 못 먹고 남기는 것이 예사였는데, 지금은 수북이 담아줘도 한 그릇을 금방 먹어치웁니다. 하나님께서 이재록 목사님의 기도로 건강을 회복시켜 주신 것입니다. 게다가 주기적으로 찾아오는 감기와 담 드는 것 때문에 약을 사러 번질나게 약국을 들락거렸는데 지금은 일 년이 지나도록 한 번도 아프지 않습니다.

더욱 감사한 것은 큰 누님과 작은 누님이 만민중앙교회의 양 떼가 된 후 큰 누님은 퇴행성관절염과 녹내장, 장염을 치료받았고, 작은 누님은 어깨 통증과 두통으로 약을 달고 살았는데 이제는 깨끗이 치료받아 약과 상관없이 건강하게 행복한 신앙생활을 하고 있다는 것입니다.

죽음을 준비하던 사람을 치료해 주시고 한없는 은혜와 사랑을 부어주신 하나님, 진정한 목회자 상이 무엇인지 깨달아 변화된 삶을 살며 가장 좋은 천국 새 예루살렘을 소망하며 달려가게 하신 아버지 하나님께 모든 감사와 영광을 돌립니다.

Chapter 7

금식과 기도의 위력

> 여호와의 말씀이 두 번째 요나에게 임하니라
> 이르시되 일어나 저 큰 성읍 니느웨로 가서
> 내가 네게 명한 바를 그들에게 선포하라 하신
> 지라 … 니느웨 백성이 하나님을 믿고 금식을
> 선포하고 무론 대소하고 굵은 베를 입은지라
> … 악한 길에서 돌이켜 떠난 것을 감찰하시고
> 뜻을 돌이키사 그들에게 내리리라 말씀하신
> 재앙을 내리지 아니하시니라 **요나 3:1~10**

하나님께서는 사랑하는 자녀가 무엇이든지 구하는 대로 응답하기를 원하십니다. 아무리 불가능해 보이는 일이라 해도 간절한 마음으로 하나님께 구하면 위로부터 하나님의 은혜와 능력이 임하여 응답받을 수 있습니다. 전능하신 하나님의 마음을 움직일 수 있는 방법 중에는 바로 금식과 기도가 있습니다. 금식과 기도는 하나님의 응답을 간절히 사모하는 마음의 표현입니다.

멸망이 선포된 큰 성읍 니느웨

요나는 주전 785년을 전후하여 북이스라엘 요아스 왕과 여로보암 2세 때에 활동한 선지자입니다. 당시 앗수르 제국의 수도였던 니느웨가 죄악으로 가득하자 하나님께서는 회개할 기회를 주시려고 요나 선지자에게 그곳에 가라고 명하십니다. 그런데 앗수르 제국은 이스라엘을 괴롭히던 적국이므로 요나는 니느웨가 멸망하기를 원했기에 순종하지 않고 배를 타고 다시스로 도망합니다.

그러자 하나님께서는 바다에 큰 바람을 일으키십니다. 배는 폭풍으로 파선할 지경이 되었고 배에 탄 사람들은 각각 자기들의 신을 부르며 온갖 노력을 해보았지만 소용이 없었습니다. 마지막으로 원인을 알기 위해 제비를 뽑자 요나가 뽑혔습니다. 그는 자초지종을 말하며 자기를 바다에 던지라 말합니다. 선원들은 차마 그럴 수 없어 어떻게든 견디려 했지만 풍랑은 더 거세졌습니다. 하는 수 없이 요나를 던지니 이내 바다가 잔잔해졌습니다.

하나님께서는 큰 물고기를 예비하여 요나를 삼키게 하십니다. 요나는 물고기의 뱃속에서 삼 일 밤낮을 지내면서 통회자복하며 하나님께 부르짖습니다. 이에 하나님께서 물고기에게 명하여 그를 육지에 토하게 하셨습니다. 결국 요나는 하나님의 명령에 순종하여 니느웨로 갑니다. 그리고 "40일이 지나면 니느웨가 무너지리라" 외쳤습니다. 그 말을 들은 니느웨 백성은 깜짝 놀랐습니다. 40일이 지나면 모든 것이 끝나는 것입니다.

금식과 기도로 응답받은 니느웨 백성

이때 니느웨 백성의 마음이 어떠했겠습니까? 집과 가족과 모든 것이 멸망할 위기 앞에서 얼마나 절박했겠습니까? 엘리야 선지자가 활동하던 당시에 사르밧 과부에게는 아들이 하나 있었습니다. 남편이 없는 그녀에게는 아들이 유일한 소망이었습니다. 그런데 어느 날 그 아들이 병들어 죽고 말았으니 그 심정이 어떠했을까요? 아들을 살리기를 간절히 원했을 것입니다. 결국 엘리야의 기도로 살아날 수 있었습니다.

아이가 살기를 간절히 원하는 엄마의 심정처럼 우리도 간절한 심정으로 응답받기를 소망해야 합니다. 니느웨 백성들은 멸망이 선포된 상황에서 간절한 심정으로 하나님께 매달렸습니다. 요나 3장 5절 이하를 보면 그들은 하나님을 믿고 금식을 선포하고, 어른이나 어린이나 할 것 없이 모든 사람이 굵은 베로 된 옷을 입고 회개하였습니다. 굵은 베옷은 자기를 낮추며 회개하고 애통한다는 표시입니다.

이 소문이 왕에게 들리자 왕도 굵은 베를 입고 재에 앉았습니다. 또한 왕은 백성에게 조서를 내려 “사람이나 짐승이나 소 떼나 양 떼나 아무것도 입에 대지 말지니 곧 먹지도 말 것이요 물도 마시지 말 것이며 사람이든지 짐승이든지 다 굵은 베를 입을 것이요 힘써 여호와께 부르짖을 것이며 각기 악한 길과 손으로 행한 강포에서 떠날 것이라” 하였습니다. 즉 금식과 기도를 하며 모든 죄에서 떠나라는 것입니다.

금식 기도를 할 때에는 보통 생수를 마시면서 하는데 니느웨 백성은 얼마나 간절했던지 물도 마시지 않았습니다. 사람뿐 아니라 소와 양 등 가축까지도 금식하게 하였습니다. 이처럼 죄에서 돌이켜 철저히 회개하며 힘써 부르짖었더니 하나님께서는 그들을 용서하셨습니다. 우리도 응답받으려면 먼저 죄에서 돌이킨 뒤 금식하면서 부르짖어 기도하여 하나님의 은혜를 구하면 됩니다.

하나님께서 기뻐하시는 금식

금식은 한 끼에서 하루, 이틀, 사흘을 할 수도 있고 5일, 7일 또는 그 이상을 할 수도 있습니다. 금식을 잘하지 못하는 사람은 한 끼 혹은 하루, 이틀 등 할 수 있는 범위 내에서 시작합니다. 장기 금식은 함부로 하는 것이 아니라, 하나님의 뜻을 좇아 주관을 받아 해야 합니다.

이사야 58장 6~7절을 보면 "나의 기뻐하는 금식은 흉악의 결박을 풀어 주며 멍에의 줄을 끌러 주며 압제당하는 자를 자유케 하며 모든 멍에를 꺾는 것이 아니겠느냐 또 주린 자에게 네 식물을 나눠 주며 유리하는 빈민을 네 집에 들이며 벗은 자를 보면 입히며 또 네 골육을 피하여 스스로 숨지 아니하는 것이 아니겠느냐" 했습니다.

이사야 58장 4~5절에는 "너희가 금식하면서 다투며 싸우며 악한 주먹으로 치는도다 너희의 오늘 금식하는 것은 너희 목소리로 상달케 하려 하는 것이 아니라 이것이 어찌 나의 기뻐하는 금식이 되겠으며 이것이 어찌 사람이 그 마음을 괴롭게 하는 날이 되겠느냐 그 머리를 갈대같이 숙이고 굵은 베와 재를 펴는 것을 어찌 금식이라 하겠으며 여호와께 열납될 날이라 하겠느냐" 말씀합니다.

하나님께서 기뻐하시는 금식은 무조건 굶는 것이 아니라 마음을 찢으며 간절히 기도하는 것입니다. 어떤 사람은 금식하면서 기운이 없다며 잠만 자는데 하나님께서 원하시는 것은 부르짖어 기도하는 것입니다. 금식 중이라도 하나님의 은혜와 능력을 힘입으면 부르짖어 기도할 수 있습니다. 또한 금식할 때에는 오락을 금하고 사랑으로 기도해야 합니다(사 58:3).

이러한 금식을 하면 하나님께서는 "네 빛이 아침같이 비췰 것이며 네 치료가 급속할 것이며 네 의가 네 앞에 행하고 여호와의 영광이 네 뒤에 호위하리니 네가 부를 때에는 나 여호와가 응답하겠고 네가 부르짖을 때에는 말하기를 내가 여기 있다 하리라"(사 58:8~9) 약속하셨습니다.

하나님께서 원하시는 기도

금식뿐 아니라 기도도 하나님께 합당해야 응답받을 수 있습니다. 성경을 보면 기도를 통해 하나님의 능력을 끌어내리고 응답받은 사례가 많이 있습니다. 그러면 하나님께서 원하시는 기도는 어떤 것일까요?

습관을 좇아 기도해야 합니다.

기도를 하고 싶으면 하고, 하기 싫으면 하지 않는 것이 아니라 습관을 좇아 해야 합니다. "쉬지 말고 기도하라"(살전 5:17) 하신 대로 날마다 습관을 좇아 해야 하는 것입니다. 예수님도 습관을 좇아 감람산에 가서 기도하셨고(눅 22:39), 베드로와 요한도 시간을 정해 놓고 기도했습니다(행 3:1).

가령, 청소도 매일 하면 비교적 간단히 끝낼 수 있으나 오래 묵혀 두면 잔뜩 먼지가 쌓이고 때가 찌들어 그만큼 많은 시간이 걸립니다. 마찬가지로 기도도 평소에 습관을 좇아서 하는 사람은 응답도 신속히 받고 하나님께서 역사하시니 시험 환난이 오지 않습니다. 설령 시험이 온다 해도 축적된 영적인 힘이 있으므로 사단에게 미혹되지 않고 승리할 수 있습니다.

무릎 꿇고 기도해야 합니다.

무릎을 꿇는다는 것은 상대를 경외하는 마음의 표현입니다. 우리가 부모님이나 윗사람 앞에서도 행실을 삼가는데 하물며 창조주 하나님 앞에 기도할 때 무릎을 꿇는 것은 당연한 일이 아니겠습니까? 예수님도 무릎 꿇고 기도하셨고(눅 22:41), 스데반 집사는 돌에 맞아 죽어 가면서도 무릎 꿇고 기도했습니다(행 7:60).

그 외에 솔로몬 왕이나 사도 바울도, 베드로도 모두 무릎 꿇고 기도한 장면이 성경에 나옵니다. 하나님께서는 우리가 믿음의 선진들처럼 하나님을 경외하는 마음으로 겸손하게 무릎 꿇고 기도하기를 원하십니다.

부르짖어 기도해야 합니다.

예레미야 29장 12~13절을 보면 "너희는 내게 부르짖으며 와서 내게 기도하면 내가 너희를 들을 것이요 너희가 전심으로 나를 찾고 찾으면 나를 만나리라" 하셨습니다. 또 예레미야 33장 3절에는 "너는 내게 부르짖으라 내가 네게 응답하겠고 네가 알지 못하는 크고 비밀한 일을 네게 보이리라" 약속하셨습니다.

간혹 교회에서 조용히 묵상기도 하는 것이 경건하고 거룩한 것이라 생각하며 가르치는 경우가 있습니다. 그래서 부르짖어 기도하면 잘못된 것처럼 여기기도 하는데 이는 진리를 잘 모르기 때문입니다. 초대 교회는 큰 핍박 속에서도 부르짖어 기도함으로 성령이 충만했고 많은 기사와 표적이 따르며 큰 부흥의 역사가 나타났습니다.

또 이스라엘 백성이 광야에서 마실 물이 없을 때에 모세가 하나님께 부르짖어 기도하니 쓴 물이 단물로 변하는 역사가 일어났습니다. 스데반 집사는 돌에 맞아 순교하면서도 부르짖어 기도했고, 예수님께서도 십자가에서 큰 소리로 하나님께 기도하셨습니다. 이처럼 성경에는 예수님을 비롯하여 믿음의 선진들이 부르짖어 기도한 것을 기록하고 있습니다. 하나님께서는 심지어 금식할 때에도 부르짖어 기도하기를 원하십니다.

공중 권세 잡은 원수 마귀 사단의 진을 뚫고 하늘 보좌에 상달되는 기도를 하려면 이렇게 간절한 중심으로 부르짖어야 합니다. 그럴 때 성령이 충만하고 시험 환난이 물러가는 등 크고 작은 문제가 해결되는 것입니다. 물론 때와 장소를 가려야 하는 경우도 있습니다. 한밤중에 집에서 부르짖어 기도하여 이웃의 잠을 방해하는 일이 있어서는 안 되지요. 또 식당에서 음식을 앞에 두고 부르짖어 기도하면 하나님을 믿지 않는 사람들이 불편해하므로 하나님의 영광을 가리게 됩니다.

하나님께 응답받은 사람들의 행함

엘리야는 이스라엘에 3년 6개월 동안 비가 오지 않아 심한 가뭄이 들었을 때에 갈멜 산에 올라가 기도하여 비가 내리는 응답을 받았습니다. 어찌나 간절히 부르짖어 기도하였는지 창자가 뒤틀리는 듯한 고통으로 배가 당기면서 얼굴이 무릎 사이로 들어갈 정도였습니다.

다니엘은 나라를 위해 어떻게 기도하였습니까? 예루살렘이 함락되면서 바벨론의 포로로 잡혀온 지 이미 70년이 되었으니 다니엘도 이제는 나이가 많습니다. 그럼에도 절식하며 베옷을 입고 재를 무릅쓰며 이스라엘의 죄를 대신 회개하고 하나님께 간구하였습니다. 이러한 다니엘의 기도가 응답되었습니다. 하나님의 응답을 가지고 온 가브리엘 천사장은 다니엘에게 지혜와 총명을 주고 또 크고 놀라운 계시를 주었습니다. 장차 오실 메시아에 대한 것과 세상 끝날에 될 일을 알려 준 것입니다.

예수님도 부르짖어 기도하셨습니다. 예수님께서 잡히시던 날 밤 겟세마네 동산에서 기도하실 때에 "힘쓰고 애써 더욱 간절히 기도하시니 땀이 땅에 떨어지는 핏방울같이 되더라"(눅 22:44) 말씀합니다. 이처럼 기도에 응답을 받기 위해서는 마음과 뜻과 정성을 다해야 합니다.

여기에서 기억해야 할 것이 있습니다. 욕심을 좇아 구하면 응답되지 않는다는 것입니다. 각각 자기 믿음과 직분, 위치에 맞추어 필요한 것을 구해야 응답받습니다. 정욕으로 쓰려고 잘못 구하면 받을 수 없으므로 오직 성령의 소욕을 좇아 구해야 합니다. 야고보서 4장 2~3절에 "너희가 얻지 못함은 구하지 아니함이요 구하여도 받지 못함은 정욕으로 쓰려고 잘못 구함이니라" 한 대로입니다.

또한 의심하면서 하는 기도는 응답되지 않는다는 점입니다. 마가복음 11장 24절에 "무엇이든지 기도하고 구하는 것은 받은 줄로 믿으라" 하셨고, 야고보서 1장 6~7절에도 "오직 믿음으로 구하고 조금도 의심하지 말라 의심하는 자는 마치 바람에 밀려 요동하는 바다 물결 같으니 이런 사람은 무엇이든지 주께 얻기를 생각하지 말라" 말씀했습니다. 믿음의 기도만이 응답되는 것입니다.

이 외에도 하나님께서는 중심을 바쳐 기도하기를 원하십니다. 또한 영혼을 사랑하는 마음으로 간절히 기도할 때에 신속히 응답해 주십니다. 앞에서 살펴본 대로 죄를 회개하고 돌이키며 하나님이 기뻐하시는 금식을 하는 것은 물론, 범사에 믿음의 고백을 하며 모든 사람과 화목할 때 응답받을 수 있지요. 이렇게 응답받기까지에는 여러 가지 과정이 필요합니다. 그러므로 하나님께로부터 기도할 수 있는 힘과 능력을 받고, 성령의 주관을 받아 금식하고 작정하여 기도함으로 그 위력을 체험해야겠습니다. 또한 믿음과 사랑을 가지고 하나님께서 기뻐하시는 기도를 올려 풍성한 응답의 열매로 하나님께 영광 돌리시기 바랍니다.

Chapter 8

심고 거두는 법칙

이것이 곧 적게 심는 자는 적게 거두고 많이 심는 자는 많이 거둔다 하는 말이로다 각각 그 마음에 정한 대로 할 것이요 인색함으로나 억지로 하지 말지니 하나님은 즐겨 내는 자를 사랑하시느니라 하나님이 능히 모든 은혜를 너희에게 넘치게 하시나니 이는 너희로 모든 일에 항상 모든 것이 넉넉하여 모든 착한 일을 넘치게 하게 하려 하심이라 **고린도후서 9:6~8**

가을이 되면 들판에 곡식이 황금물결을 이루는 풍요로운 모습을 볼 수 있습니다. 이렇게 곡식이 여물어 추수의 손길을 기다리기까지에는, 씨를 심고 열심히 가꾼 농부들의 땀 흘리는 수고가 있습니다. 씨를 심으면 당연히 그 열매가 납니다. 그런데 모든 씨가 다 열매를 잘 내는 것은 아닙니다. 탐스럽고 실한 열매를 내는 것도 있지만 그렇지 못한 것도 있지요.

하지만 농부는 그에 상관하지 않고 열심히 가꿉니다. 다 잘 자라서 열매를 거두기 바라는 마음으로 정성껏 가꾸지요. 만일 거둘 것을 믿지 않는다면 씨를 뿌리지 않을 것입니다. 수확할 수 있다는 믿음과 소망이 있기 때문에 기쁨으로 인내하며 열심히 일합니다.

심은 대로 거두는 자연의 법칙처럼 영적인 세계에서도 심어야 응답받을 수 있습니다. 그런데 어떤 사람은 하나님께 심지도 않고 구하면서 응답이 없다고 불평합니다. 하나님께서는 자녀들에게 넘치게 주기를 원하시지만 사람 편에서 심고 거두는 법칙을 깨우치지 못하여 받지 못하는 경우가 많습니다. 그러면 어떻게 해야 하나님의 응답을 받아 풍성한 열매를 거둘 수 있을까요?

밭을 개간하는 작업

농부가 씨를 심기 위해 가장 먼저 하는 일은 밭을 개간하는 작업입니다. 땅을 갈고 돌을 골라내 밭을 고르게 한 후 거름을 주어 씨가 잘 자랄 수 있는 환경을 만들어 줍니다. 이러한 농부의 수고에 따라 비록 황무지라 해도 얼마든지 옥토로 바뀝니다. 밭은 영적으로 우리 마음을 말합니다. 마태복음 13장에 예수님께서는 우리의 마음을 밭으로 비유하면서 이를 길가밭, 돌밭, 가시 떨기밭, 좋은 밭 네 가지로 나누어 설명하셨습니다. 이중에 자신이 어느 밭에 속하는지 점검해 보면 쉽게 마음밭을 옥토로 개간할 수 있습니다.

길가밭의 경우입니다. 길가에 있는 밭은 사람들의 발에 밟혀서 단단하기 때문에 씨를 뿌려도 싹 트기가 쉽지 않습니다. 새가 와서 씨를 먹어 버리거나 설령 싹을 틔워도 밟혀서 이내 죽고 마는 것입니다. 이렇게 단단한 길가밭과 같은 마음을 가진 사람은 교회를 다녀도 마음 문을 열지 않으므로 하나님 말씀을 깨우치지 못하고 마음에 양식 삼지도 않습니다. 믿음을 갖지 못하니 예배시간이 지루하고 빨리 끝나기를 바랍니다.

돌밭의 경우입니다. 돌밭은 돌멩이가 많아 씨를 뿌리면 싹이 나더라도 잘 자라지 못합니다. 이는 영적으로 하나님 말씀을 들어 지식으로는 알지만 믿음으로 받지 않기에 행함이 따르지 않는 마음입니다. 믿음의 확신이 없기 때문에 시험 환난이 오거나 핍박을 받으면 넘어져 버립니다. 은혜받았을 때에는 마음이 뜨거워서 "아멘!" 하다가도 금방 사단의 역사를 받아 의심하며 배신하기도 하는 마음입니다.

가시 떨기밭의 경우입니다. 이 밭은 씨를 뿌리면 싹이 나서 자라기는 하지만 가시 떨기에 가려져 잘 자라지 못하여 열매를 맺지 못합니다. 가시 떨기밭과 같은 마음을 가진 사람은 하나님 말씀을 믿고 행하기는 합니다. 그러나 하나님의 뜻대로 온전히 행하지 못하므로 아름다운 열매를 맺지 못합니다. 예를 들어, 말씀을 듣고 믿기는 하지만 육적인 생각으로 진리를 분별하려고 하지요. 자신의 생각, 이론, 주관에다 하나님 말씀을 비추어 보아 자기에게 유익하면 순종하지만 그렇지 않으면 순종하지 않습니다.

또한 재물의 유혹이나 세상의 염려에 말씀이 막혀 열매를 거두지 못하는 마음입니다. 기도는 하지만 하나님을 진정 의뢰하지도 못합니다. 이런 사람은 자신의 생각과 계획대로 행하기 때문에 하나님께서는 뒷전에 계실 수밖에 없고 하나님의 능력을 체험할 수 없습니다.

이 밖에 좋은 밭이 있습니다. 좋은 밭은 씨를 뿌리면 싹이 잘 나며 30배, 60배, 100배의 열매를 거둘 수 있는 밭입니다. 이는 하나님 말씀이라면 자신의 생각과 이론을 동원하지 않고 무조건 '아멘' 하고 믿음으로 순종하는 마음입니다. 이런 마음을 가진 사람은 기뻐하고 감사하며 하나님 말씀대로 살아가므로 항상 하나님과 교통하며 구하는 것마다 응답받습니다.

옥토로 개간하는 방법

어떤 밭이라도 열심히 땀 흘리며 개간하면 좋은 밭이 될 수 있습니다. 단단한 흙이면 갈아엎어 부드럽게 하고 돌멩이가 있으면 주워 내고 가시 떨기가 있으면 뽑아 버리면 됩니다. 또 비료를 주어 비옥하게 하면 좋은 밭이 됩니다. 마찬가지로 믿음이 있는 사람은 자기의 마음을 열심히 개간하기 위해 힘쓰고 애쓸 것입니다. 이렇게 마음을 개간하려면 히브리서 12장 4절에 말씀하신 대로 죄와 피 흘리기까지 싸워 버려야 합니다. 또 데살로니가전서 5장 22절에 말씀한 대로 악은 모든 모양이라도 버려야 하지요.

하나님께서 '하지 말라' 하신 것은 하지 않으며 '버리라' 하신 것은 열심히 버려 나가는 것이 마음에서 자갈을 주워 내고 가시 떨기를 뽑아내 좋은 밭으로 만드는 작업입니다. 내 힘으로 어려운 것은 기도하여 위로부터 은혜와 능력을 받아 개간해야 합니다. 열심히 죄를 버려 옥토로 만드는 만큼 믿음이 커지며, 하나님의 사랑을 받을 수 있습니다.

씨앗을 뿌리는 작업

밭을 개간한 농부는 그 밭에 다양한 씨앗을 뿌립니다. 우리의 식탁을 풍성하게 해 줄 콩, 팥, 무씨, 배추씨, 호박씨 등 여러 씨앗을 심습니다. 마찬가지로 우리도 하나님 앞에 여러 가지 씨앗을 심어야 합니다. 씨앗은 영적으로 하나님 말씀을 의미하며 씨앗을 심는다는 것은 하나님 말씀 중에 '하라'고 하신 말씀을 그대로 행하는 것을 말합니다.

예를 들어, 기뻐하라, 전도하라, 사랑하라, 충성하라, 감사하라, 기도하라 하신 하나님 말씀대로 열심히 행하는 것이 하나님 앞에 심는 것입니다. 이렇게 씨앗을 심으면 하나님께서는 심은 대로 거두게 하십니다.

농부가 씨앗을 뿌릴 때 추수할 것을 믿고 기쁨으로 뿌리듯이, 하나님 앞에 심을 때에도 30배, 60배, 100배로 넘치게 축복하실 것을 믿음으로 바라보며 기쁨으로 심어야 합니다. 히브리서 11장 6절에

"믿음이 없이는 기쁘시게 못하나니 하나님께 나아가는 자는 반드시 그가 계신 것과 또한 그가 자기를 찾는 자들에게 상 주시는 이심을 믿어야 할지니라" 했습니다. 상 주시는 하나님을 바라보고 심을 때 이 땅에서도 풍성히 거두며 하늘나라에서도 상급으로 쌓입니다.

여기에서 기억해야 할 것은 개간을 마치고 나서야 씨를 뿌리는 것이 아니라는 점입니다. 옥토를 만드는 작업과 씨 뿌리는 작업을 겸해서 해야 합니다. 아직 옥토로 다 개간하지 못했다 해서 씨를 뿌리지 않고 땅을 놀려 둘 농부는 없습니다. 어찌하든 씨를 뿌려 조금이라도 더 수확하고자 합니다. 그와 같이 우리도 미움, 원망, 불평 등을 버리기 위해 열심히 기도하면서 동시에 사랑의 씨를 심어야 합니다. 그럴 때 미움도 더 빨리 버릴 수 있습니다.

단순히 마음밭을 개간하는 것은 하늘의 상이 되지는 않습니다. 당연히 버려야 할 것을 버리고 하지 말아야 할 것을 하지 않은 것이기 때문입니다. 다만 마음을 개간할수록 죄를 버리고 예수 그리스도의 성품을 닮으니 천국에서 더 좋은 처소를 얻습니다. 밭을 개간했으면 이제 씨를 뿌려야 합니다. 그럴 때 열매가 나듯이 하나님 말씀 중에 '하라' 하신 것을 행할 때에 진리의 열매가 맺히며 그것이 상급이 됩니다.

천국의 처소와 상급은 이처럼 차이가 있습니다. 곧 개간을 통해 하나님을 닮은 만큼 좋은 처소에 들어가며 진리의 씨를 뿌려 열매를 맺는 만큼 큰 상급을 받습니다. 그러니 개간과 씨 뿌림을 겸한다면 더 좋은 천국 처소와 더 큰 상급을 얻을 수 있는 것입니다.

잘 자라도록 가꾸는 비결

농부는 밭에 씨를 심은 다음에 물과 거름을 주고 풀을 뽑고 벌레를 잡으며 인내와 정성으로 가꿉니다. 이러한 노력이 없으면 싹이 나서 자라다가 파리해지거나 열매를 맺기 전에 병충해로 죽기도 합니다. 그러므로 열매가 잘 자라도록 가꾸어야 하는데 영적으로는 어떻게 하는 것일까요?

신령과 진정으로 예배드려야 합니다.

몸과 마음과 뜻, 힘과 정성을 다하여 예배를 드려야 합니다. 그래야만 잡념이나 피곤, 졸음이 틈타지 못하고 하늘로부터 능력이 임하며 하나님과 교통이 이뤄집니다. 예배를 통해 하나님 말씀을 듣고 하나님의 뜻을 알아야 그 뜻을 좇아 살아갈 수 있습니다. 경험이 없는 사람이 농사를 지으려면 농부에게 배워야 하듯이 우리도 예배를 통해 끊임없이 하나님 말씀을 배워 나가야 합니다.

기도와 찬송을 통해 성령의 감동과 충만함을 입어야 합니다.

농부가 건강하여 힘이 있어야 농사일을 잘 할 수 있듯이 우리도 기도와 찬송을 통해 위로부터 힘을 받아야 열매를 잘 낼 수 있습니다. 여기서 말하는 힘은 하나님께서 주시는 은혜와 능력, 곧 영적인 힘을 말합니다. 이 힘이 있으면 누구라도 원수 마귀 사단을 이기며 지배하고 다스릴 수 있습니다. 바로 이 힘을 얻기 위해 쉬지 않고 기도해야 합니다.

기도를 쉬면 다시 기도의 능력을 회복하기까지 많은 노력이 필요합니다. 따라서 기도는 매일 적어도 1시간 이상 하는 습관을 들이는 것이 좋습니다. 항상 깨어 기도하되 하나님 말씀대로 부르짖으며 중심을 다한 기도를 드릴 때에 성령이 충만하여 하나님 말씀대로 살아갈 수 있습니다.

항상 기뻐하고 범사에 감사해야 합니다.

농부가 마음에 기쁨이 없으면 밭을 정성껏 가꾸지 않고 일을 게을리하므로 식물이 잘 자랄 수 없습니다. 흥이 나서 콧노래를 부르며 아침부터 저녁까지 열심히 가꾸어야 잘 자랍니다. 마찬가지로 내 마음이 항상 기쁘고 감사가 넘쳐야 원수 마귀 사단이 틈타지 못하고 하나님 말씀대로 살아갈 힘을 얻어 응답의 열매를 낼 수 있습니다.

인내로 때를 기다려야 합니다.

종자마다 열매 맺는 기간이 다릅니다. 참외나 수박은 1년이 안 되어 열매를 맺지만 인삼이나 사과, 배는 심은 뒤 수년이 지나야 열매를 맺습니다. 수년 동안 수고하여 거둔 인삼과 수 개월 만에 거둔 수박 중에 어느 것이 더 가치가 있겠습니까? 당연히 인삼이지요.

하나님 앞에 심은 것도 마찬가지입니다. 금방 응답받아 열매를 딸 수 있는 것도 있지만 어떤 것은 오랜 시간이 필요합니다. 그래서 갈라디아서 6장 9절에 "우리가 선을 행하되 낙심하지 말지니 피곤하지 아니하면 때가 이르매 거두리라" 했습니다.

이렇게 인내하며 가꾸다 보면 꽃이 피고 향기가 나는데 바로 그리스도의 향기입니다. 깨끗하고 거룩한 마음이 되면 주변 사람으로부터 칭송을 듣습니다. 자연히 전도도 쉽게 됩니다. 이처럼 꽃이 피고 나면 열매가 맺혀 익어갑니다. 고린도전서 13장에 나오는 영적인 사랑, 성령의 아홉 가지 열매와 팔복의 열매가 맺히지요. 우리에게 맺힌 이러한 열매가 바로 하나님을 사랑하는 증거가 됩니다.

그러면 "나를 사랑하는 자들이 나의 사랑을 입으며"(잠 8:17) 하신 말씀이나 "여호와를 기뻐하라 저가 네 마음의 소원을 이루어 주시리로다"(시 37:4) 하신 말씀처럼 하나님께 드리는 모든 기도에 응답받을 수 있습니다. 하나님은 우리에게 좋은 것을 주기 원하십니다. 하나님께는 부족한 것이 조금도 없으니 하나님의 뜻이라면 언제, 무엇을 구해도 받을 수 있습니다(마 7:11).

무엇으로 심든지 그대로 거두리라

농부가 심은 대로 거두는 것처럼 영계의 법칙도 마찬가지입니다. 우리가 기도와 찬송을 심으면 하늘로부터 능력이 임하여 하나님 말씀대로 살 수 있고 영혼이 잘됩니다. 열심히 충성 봉사하면 연약함이 떠나고 강건해집니다. 또한 십일조와 감사예물을 열심히 드리면 물질의 축복이 임합니다. 이처럼 행함에 따른 열매를 얻는데 선을 심으면 선의 열매를, 악을 심으면 악의 열매를 얻습니다.

갈라디아서 6장 7~8절에 "스스로 속이지 말라 하나님은 만홀히 여김을 받지 아니하시나니 사람이 무엇으로 심든지 그대로 거두리라 자기의 육체를 위하여 심는 자는 육체로부터 썩어진 것을 거두고 성령을 위하여 심는 자는 성령으로부터 영생을 거두리라" 하신 대로입니다. 이렇게 심은 대로 거두는 것이니 항상 성령을 위하여 심고 성령으로부터 영생을 거두시기 바랍니다.

열왕기상 17장에는 시돈 땅에 사는 사르밧 과부가 어떻게 축복받았는지 소개되어 있습니다. 극심한 가뭄으로 먹을 양식이 떨어져 이제 남은 것이라곤 가루 한 움큼과 소량의 기름이 전부입니다. 여인은 아들과 함께 마지막으로 그것을 먹고 죽음을 기다려야 하는 처지였습니다. 그런데 이웃나라에서 얼굴도 모르는 엘리야라는 사람이 찾아와 하나님의 선지자라 하며 자신에게 떡을 만들어 주면 축복해 주겠다고 합니다. 생명같이 귀한 양식이지만 엘리야의 말을 믿고 여인은 양식을 줍니다. 그 결과 가뭄이 끝날 때까지 통에 가루가 떨어지지 않고 병에 기름이 없어지지 않는 축복을 받습니다.

또 수넴에 사는 귀부인은 하나님의 종 엘리사를 정성으로 대접하였습니다(왕하 4장). 이에 엘리사는 여인을 위하여 하나님께 간구하였고 하나님께서는 오래도록 아이가 없던 여인에게 아들을 잉태하는 축복을 주셨습니다.

마가복음 12장에는 두 렙돈(당시 가장 작은 화폐 단위)을 하나님께 드린 가난한 과부에 대한 기록이 있습니다. 두 렙돈은 아주 적은 금액이지만 여인에게는 가진 것의 전부였습니다. 사람들이 헌금하는 모습을 지켜보시던 예수님께서는 그 여인을 칭찬하셨는데 여인이 후에 큰 축복을 받았으리라는 것을 능히 짐작할 수 있습니다.

공의로우신 하나님은 영계의 법칙에 따라 심은 대로 거두게 하며 행한 대로 갚아 주십니다. 이러한 말씀을 믿고 순종하면 하나님께서 그 믿음대로 역사하시므로 응답받지 못할 것이 없습니다. 그러므로 자신의 마음밭을 점검하여 열심히 옥토로 개간하며 부지런히 진리의 씨를 심고 인내로 가꾸어 풍성한 열매를 거두시기 바랍니다.

우리는 무엇이든 할 수 있습니다

김재윤 형제
(남, 미국 캘리포니아)

저희 가족은 2000년에 미국 라스베이거스로 이민을 왔습니다. 한국에서 저희 가족이 주님을 영접하고 신앙생활 했지만, 아버지는 영적인 곤고함과 한계에 부딪혀 결국 이민을 결정하셨다고 합니다. 수십 년 된 삶의 터전을 뒤로 하고 미국에서 새로운 삶을 시작했지만 아버지의 영적인 곤고함은 여전하셨지요.

이렇게 아버지가 참된 목자를 찾지 못하고 영적으로 방황하실 무렵, 저 역시 방황의 세월을 보냈습니다. 중학생이 되면서 나쁜 아이들과 어울리며 사람을 이유 없이 때리고 나쁜 언어를 사용했습니다. 뿐만 아니라 제가 컴퓨터 게임에 중독되어 학교 성적이 좋지 않으니 어머니는 학교에 불려가기 일쑤였습니다.

그러던 중, 아버지는 참 목자를 만나기 위해 작정하여 기도하셨습니다. 간절히 기도하던 어느 날, 아버지는 "이재록"이라는 성령의 음성을 들으셨고, 인터넷으로 만민중앙교회를 검색하여 이재록 목사님의 설교를 접하게 되셨습니다.
그 무렵, 저는 삶에 변화가 필요하다는 것을 인식하여 회개하기 시작했고, 나름대로 변화되기 위해 노력했지만 제 능력으로는 할 수 없었지요. 다행히 부모님의 돌보심과 성경을 읽는 시간 등을 통해 저는 변화하기 시작했습니다. 7학년(중2)과 8학년(중3) 동안에 진정한 크리스천이 되기 위해 열심히 신앙생활하며 전도하는 데도 힘을 다하였습니다.

2007년 10학년(고2) 때입니다. 아버지는 이재록 목사님의 설교를 들으며 삶에 많은 변화가 일어났습니다. 말씀을 들으면 다음 편 설교가 궁금하여 새벽까지 듣다가 잠드셨는데, 아침에 일어나자마자 컴퓨터를 켜십니다. 직장에 출근한 뒤에도 일하면서 계속 설교를 들으셨지요.
저도 그 말씀을 들으면서 점차 제 마음이 변화되어야 할 필요성을 느끼며 깨어 있는 신앙생활을 해야 함을 알게 되었습니다. 하나님의 참 자녀가 되기 위해서는 성결 되어야 한다는 것 또한 인식하게 되었습니다. 제 마음이 얼마나 악한지 구체적으로 깨닫게 해주었지요. 하나님께서 얼마나 제가 변화되기를 원하시는지도 알게 해주셨습니다.
또 이재록 목사님을 통해 나타나는 권능으로 하나님의 살아 계심과 천국과 지옥이 있음을 분명히 알았고, 하나님의 사랑이 얼마나 크신지도 깨달았습니다. 무엇보다 천국을 향한 소망으로 말씀에 순종하는 사람이 되어야겠다고 결단했습니다.

그 후 저는 나쁜 말을 하지 않으려 애썼고, 남을 판단하고 정죄하지 않으려고 노력했습니다. 주변에 어려운 사람과 외로워 보이는 이들에게 다가가 그들과 함께하며 복음을 전하려고 노력했습니다. 예전에는 공부를 해야겠다는 마음이 없었지만, 성결의 복음을 듣고 나서 우리에게 주어진 사명, 곧 학생이 공부를 열심히 할 때 하나님께서 기뻐하신다는 것을 깨닫고 공부를 열심히 하며 부모님을 공경하려 노력하게 되었습니다.

그러면서 열심히 기도하니 하나님께서는 공부를 잘할 수 있도록 지혜를 주셨습니다. 뿐만 아니라 학교 기독교 동아리(4년간 회장 역임), 재활용 동아리(2년간 부회장 역임), 수학 동아리(2년간 회장 역임), 명예학생단체(3년간 활동), 학교 밴드(수석 클라리넷 연주자로 3년간 활동)에 가입해 활동했습니다. 이 외에 2007년 페루 선교 여행도 다녀왔지요. 이러한 노력 덕분에 2010년 6월, 고등학교 졸업식 때 오바마 대통령 상을 수상하게 되었습니다.

7월 첫 주일 저녁예배에 아버지의 선교사 파송식이 있어서 저희 가족은 사모함으로 서울 만민중앙교회를 방문했습니다. 성도님들이 하나님을 뜨겁게 사랑함으로 찬양하고 예배하는 모습은 참으로 감동적이었습니다. 항상 인터넷으로 예배를 드리다가 실제로 이재록 목사님을 눈앞에서 뵈니 사랑이 많고 인자한 분임을 느낄 수 있었습니다.

제가 보스턴 대학에 80% 장학금을 받고 합격했으나 아버지의 사역을 돕기 위해 다른 학교에 가기로 했다고 말씀드리자, 이재록 목사님은 아버지의 사역을 돕겠다는 결심을 크게 칭찬해 주셨습니다. 저는 당회장님과의 만남을 통해 하나님 말씀에 순종하는 아들이 될 뿐 아니라 아버지의 사역을 열심히 도와 하나님께 영광 돌려야겠다는 마음이 더욱 간절해졌습니다.

얼마 전까지 라스베이거스에서 살다가 지금은 선교 사역을 위해 캘리포니아 주 얼바인으로 이사했습니다. 저는 캘리포니아 주 얼바인 밸리 대학(Irvine Valley College)에 화학 전공으로 입학합니다. 2년 후 UC(캘리포니아) 대학 system에 있는 UCLA나 UC 버클리(Berkeley) 3학년으로 편입할 계획입니다. 대학을 졸업한 후에는 전문인이 되어 만민의 사역을 아름답게 이루고 싶습니다.

Chapter 9

무엇하여 주기를 원하느냐

그때에 세베대의 아들의 어미가 그 아들들을 데리고 예수께 와서 절하며 무엇을 구하니 예수께서 가라사대 무엇을 원하느뇨 가로되 이 나의 두 아들을 주의 나라에서 하나는 주의 우편에, 하나는 주의 좌편에 앉게 명하소서 … 나의 줄 것이 아니라 내 아버지께서 누구를 위하여 예비하셨든지 그들이 얻을 것이니라 **마태복음 20:20~23**

살다 보면 남에게 도움을 청하는 경우가 있습니다. 갑자기 어려운 일이 생기면 가까운 사람이나 도움을 줄 만한 사람을 여러 방면으로 찾아보지요. 이때 믿음이 있는 사람이라면 전지전능하신 하나님께 예수 그리스도의 이름으로 구할 것입니다. 마태복음 7장 7~8절에 "구하라 그러면 너희에게 주실 것이요 찾으라 그러면 찾을 것이요 문을 두드리라 그러면 너희에게 열릴 것이니 구하는 이마다 얻을 것이요 찾는 이가 찾을 것이요 두드리는 이에게 열릴 것이니라" 약속하셨기 때문입니다. 그러면 우리가 무엇을 구하든지 하나님께 응답받으려면 어떻게 해야 할까요?

하나님 뜻대로 행해야 응답

하루는 요한과 야고보의 어머니가 두 아들을 데리고 와서 예수님께 요청했습니다. 자신의 두 아들을 주의 나라에서, 즉 천국에서 주님의 좌우편에 하나씩 앉혀 달라는 것입니다. 이들은 예수님의 어떠한 면을 보고 이러한 요구를 한 것일까요? 예수님의 가르침과 진실한 행함을 보았고, 또한 사람으로서는 할 수 없는 일을 베푸시는 것을 보았기 때문입니다.

예수님께서는 물로 포도주를 만드시고 눈먼 사람을 보게 하며 죽은 사람을 살리는 등 놀라운 기사와 표적을 무수히 베푸셨습니다. 제자들은 예수님과 함께하면서 천국이 있음을 듣고 배웠습니다. 그들은 하나님의 아들로서 이 땅에 오신 예수님의 권세가 천국에서 얼마나 클지를 알았습니다. 그래서 요한과 야고보의 어머니는 하나님 나라에서 두 아들을 주님의 좌우편에 앉게 해 주실 것을 요청한 것입니다.

이때 예수님께서는 "내 좌우편에 앉는 것은 나의 줄 것이 아니라 내 아버지께서 누구를 위하여 예비하셨든지 그들이 얻을 것이니라" 답변하셨습니다. 누구든지 그 자리에 합당한 자격을 갖춘 사람이 얻는다는 것입니다.

믿음으로 구하면 무엇이든 응답하시는 하나님

오늘날 많은 사람이 하나님을 찾습니다. 어떤 사람은 스스로 어찌할 수 없는 어떤 문제에 부딪혔을 때 하나님 앞에 나와 의지합니다. 신의 존재를 인정하고 갈급하여 나오는가 하면 각종 질병으로 죽을 수밖에 없는 상황에서 치료받고자 나오는 사람도 있습니다. 전도를 받고 단순한 호기심으로 나오는 경우도 있지요. 그러므로 주님께서 "무엇하여 주기를 원하느냐?" 물으시면 각자 구하는 것이 다릅니다. 참된 신을 찾고자 나온 사람은 하나님이 참 신이라는 증거를 보여 주기를 구할 것이고 질병이 있는 사람은 "치료하여 주시기 원합니다." 할 것입니다.

성경에도 하나님이 참 신이라는 증거를 구한 사람이 있습니다. 사사기 6장에 나오는 기드온이지요. 가나안 땅에 들어온 이스라엘 백성에게 아직 왕이 없을 때입니다. 이스라엘 백성이 다른 민족으로부터 약탈당하고 고통받자 하나님께서는 기드온에게 이스라엘을 구원할 사명을 주셨습니다.

이에 기드온은 하나님이 자신을 통해 이스라엘을 구원하신다는 증거를 구합니다. 즉 "양털 한 뭉치를 땅에다 두겠으니 밤새 이슬이 양털에만 내리고 주위 땅은 말라 있다면 믿을 수 있겠다"라며 믿을 수 있는 증거를 보여 달라고 했습니다. 과연 자고 일어나 보니 양털만 젖어 있었습니다. 양털에 이슬이 얼마나 많이 내렸는지 짜니 물이 그릇에 가득했습니다.

그는 한 번 더 하나님께 증거를 구하였습니다. 이번에는 반대로 되게 해 주시라는 것입니다. 다음 날 일어나 보니 양털만 말라 있고 주변 땅은 이슬에 젖어 있었습니다. 하나님께서는 이렇게 자상하게 기드온과 함께하는 증거를 보여 주셨습니다.

엘리야의 기도에 응답하신 것도 마찬가지입니다. 이스라엘 백성이 하나님을 떠나 우상 숭배에 물들어갈 때 엘리야는 백성을 갈멜 산으로 모았습니다. 혈혈단신으로 수백 명의 이방 선지자와 대결합니다. 이방 선지자들은 자기가 믿는 우상에게, 엘리야는 하나님께 구하여 불로써 응답하는 신이 참 신임을 확정짓자 했지요. 이방 선지자들이 먼저 시작하여 아침부터 저녁까지 뛰놀며 큰 소리로 자기들이 섬기는 신을 불렀습니다. 칼과 창으로 자기 몸을 상하게 하며 피가 흐르기까지 구했지만 아무런 응답이 없었습니다.

그들이 포기하고 물러난 뒤 엘리야가 기도하자 여호와의 불이 내려와 번제물과 나무, 돌과 흙을 태우고 도랑의 물까지 다 핥아버렸습니다(왕상 18장). 이처럼 하나님께서는 전지전능하신 분이므로 하나님의 자녀들이 믿음으로 기도하면 무엇이든 역사하십니다.

어떤 사람은 믿음의 고백만으로도 응답받았습니다. 하인의 중풍을 고치러 예수님 앞에 나온 백부장의 경우입니다. 그는 "가서 고쳐 주리라" 말씀하시는 예수님께 다만 말씀으로 명하기만 해도 하인이 낫겠다는 놀라운 믿음의 고백을 합니다(마 8:8). 그의 믿음을 보신 예수님께서 "네 믿은 대로 될지어다" 하시니 하인이 곧바로 나았습니다.

또한 귀신 들린 딸을 고치기 위해 예수님께 나온 수로보니게 여인은 개 취급을 당하면서도 겸손한 믿음의 고백을 했습니다. 그러자 예수님께서 "네 믿음이 크도다 네 소원대로 되리라"(마 15:28) 하시니 즉시 그의 딸이 나았습니다. 이러한 말씀을 통해 어떠한 믿음과 마음 자세를 지닐 때에 응답받는지 깨우칠 수 있습니다.

구해도 응답받지 못하는 이유

전지전능하신 하나님 앞에 나왔는데도 응답받지 못하는 사람이 있는데 그 이유는 무엇일까요? 가장 큰 이유는 온전히 믿지 못하고 의심하며 두 마음을 품기 때문입니다. 야고보서 1장 6~8절에 "오직 믿음으로 구하고 조금도 의심하지 말라 의심하는 자는 마치 바람에 밀려 요동하는 바다 물결 같으니 이런 사람은 무엇이든지 주께 얻기를 생각하지 말라 두 마음을 품어 모든 일에 정함이 없는 자로다" 했습니다.

따라서 기도해도 응답이 없다면 믿지 못하고 의심하지 않았는지 살펴보시기 바랍니다. 마가복음 11장 24절에 "무엇이든지 기도하고 구하는 것은 받은 줄로 믿으라 그리하면 너희에게 그대로 되리라"

말씀하셨기 때문입니다. 믿지 못하고 의심한 사람은 시험 환난이 오면 하나님을 원망하거나 탄식하면서 끝까지 믿음을 내보이지 못합니다.

출애굽한 이스라엘 백성이 그러했습니다. 만일 하나님께서 그들을 가나안 땅에 순탄하게 들여보내셨다면 그들이 원망 불평했을까요? 홍해를 건넜을 때 미리암과 함께 여인들이 기뻐 춤을 춘 것처럼 기뻐하며 춤추었을 것입니다. 그러나 출애굽은 하나님의 은혜로 이루어졌지만 약속의 땅 가나안 정복은 그들의 믿음이 필요했습니다.

그동안 하나님께서는 살아 계심을 믿을 수 있도록 그들에게 충분한 증거를 나타내 주셨습니다. 그러나 막상 그들에게 믿음을 내보일 것을 요구했을 때 모세와 여호수아, 갈렙 외에는 아무도 내보이지 못했습니다. 결국 여호수아와 갈렙을 제외한 출애굽 1세대들은 가나안 땅에 들어가지 못하고 광야에서 죽고 말았습니다.

그러므로 의심하지 않는 믿음을 내보여야만 응답받을 수 있습니다. 오늘날 하나님의 기사와 표적을 보고도 믿지 못하는 사람이 얼마나 많은지요. 아무리 많은 것을 보아도 마음에 악이 있으면 의심이 생겨 믿지 못하고, 믿지 못하니 응답받을 수 없습니다. 의심하는 사람은 신속히 응답이 주어지지 않으면 마음 안에 있던 악이 드러나 불평하고 원망합니다.

반대로 의심치 않고 믿는 사람은 어떠한 일을 만난다 해도 오직 하나님의 뜻대로 기뻐하고 감사하며 기도하니 자연히 응답이 옵니다. 따라서 응답받아야 할 문제가 있는 사람은 자신이 범사에 기뻐하고 감사하는지, 그리고 끝까지 믿음을 내보이는지 점검해 보아야 합니다.

응답을 주시는 여러 경우

어떤 사람은 믿음이 별로 없는 것 같은데 곧바로 응답받기도 합니다. 특히 주님을 영접하고 얼마 되지 않은 초신자의 경우가 그렇지요. 이는 마치 어린아이가 부모에게 구하면 곧바로 응답해 주는 것과 같습니다. 또한 은혜를 저버리지 않고 변치 않을 중심을 가진 사람에게는 하나님께서 신속히 응답해 주십니다.

간혹 하나님을 배신할 줄 알면서도 응답하시는 경우도 있습니다. 그것은 심판날에 그 사람이 하나님 앞에서 변명할 수 없도록 하기 위해서입니다. 하나님께서 "내가 이렇게 응답했지만 너는 그것을 보고도 나를 부인했으니 어찌 구원을 얻을 수 있겠느냐?" 하시며 공의의 심판을 내리기 위해서라는 뜻입니다.

이렇게 하나님께서는 각 사람의 믿음과 중심을 보고 응답하시는데 사람에 따라 응답하시는 방법이 다릅니다. 어떤 사람에게는 단번에, 어떤 사람에게는 믿음이 자람에 따라 조금씩 주십니다. 즉시 응답받으면 그 사람의 마음이 변질될 수 있기 때문에 믿음이 자라는 만큼 응답하시는 것입니다.

하나님은 무엇이든 주실 수 있는 전능한 분입니다. 응답을 받느냐 못 받느냐 하는 것은 우리의 중심에 달려 있습니다. 그러므로 참된 믿음을 소유하여 이를 행함으로 나타내야 합니다. 하나님 말씀에 순종하는 행함 있는 믿음, 어떤 경우에도 변함없는 온전한 믿음을 소유하여 무엇이든지 구하는 대로 응답받으시기 바랍니다.

Chapter 10

감정을 제어하라

> 내 사랑하는 자들아 너희가 친히 원수를 갚지 말고 진노하심에 맡기라 기록되었으되 원수 갚는 것이 내게 있으니 내가 갚으리라고 주께서 말씀하시니라 네 원수가 주리거든 먹이고 목마르거든 마시우라 그리함으로 네가 숯불을 그 머리에 쌓아 놓으리라 악에게 지지 말고 선으로 악을 이기라 **로마서 12:19~21**

간혹 사람들은 감정 때문에 중요한 일을 그르치기도 합니다. 여기서 감정이란 사랑이나 기쁨과 같은 좋은 감정을 말하는 것이 아닙니다. 원망하거나 성내는 등 좋지 않은 마음입니다. 감정을 제어하지 못함으로 서로 상처를 주고, 나아가 원수를 갚기 위해 악을 행하기도 합니다. 사소한 감정 때문에 원수 마귀 사단이 훼방할 길을 내주고 하나님과 죄의 담을 만드는 것이지요. 이처럼 감정은 백해무익하므로 에베소서 4장 26절에 분을 내어도 죄를 짓지 말며, 해가 지도록 분을 품지 말라고 말씀합니다.

원수를 갚지 말아야 하는 이유

흔히 사람들은 아버지나 스승 또는 친구의 원수를 갚는 것을 의로운 행동으로 여겨왔습니다. 아버지의 원수와는 같은 하늘 아래 살 수 없다는 의미로 '불구대천(不俱戴天)'이라는 말도 있지요. 그러나 하나님께서는 우리에게 원수를 직접 갚지 말라고 하십니다. 로마서 12장 19절에 "너희가 친히 원수를 갚지 말고 진노하심에 맡기라 기록되었으되 원수 갚는 것이 내게 있으니 내가 갚으리라" 말씀합니다. 또한 하나님이 심판하는 권세를 예수 그리스도에게 주셨으니(요 5:27) 오직 주님 외에는 어떤 사람에게도 심판할 자격이 없습니다.

그런데 주변을 보면 자신이 재판장이 되어 심판하는 경우가 많습니다. 즉 쉽게 다른 사람을 판단하고 정죄합니다. 하나님께서는 성경 곳곳에 "수군거리지 말라, 비방하지 말라" 하셨습니다. 빌립보서 2장 3절에는 '오직 겸손한 마음으로 각각 자기보다 남을 낫게 여기라' 하셨지요. 그러니 주님을 믿는 사람은 서로 섬겨야 합니다. 섬기는 것은 나보다 상대를 낫게 여기는 마음입니다. 그러한 마음이 되면 누구를 얕잡아 볼 수 없고 판단 정죄하거나 수군거리는 악을 행할 수 없으며 오히려 사랑을 주고자 할 것입니다.

예수님께서는 "외식하는 자여 먼저 네 눈 속에서 들보를 빼어라 그 후에야 밝히 보고 형제의 눈 속에서 티를 빼리라"(마 7:5) 하셨고, 로마서 3장 10절에는 "의인은 없나니 하나도 없으며" 하셨습니다. 하나님 앞에서는 그 누구에게도 심판할 수 있는 자격이 없다는 것입니다. 성도 중에도 자기만 옳고 상대는 그르다고 정죄하는 일이 종종 있습니다. 야고보서 4장 11절을 보면 "피차에 비방하지 말라 형제를 비방하는 자나 형제를 판단하는 자는 곧 율법을 비방하고 율법을 판단하는 것이라 네가 만일 율법을 판단하면 율법의 준행자가 아니요 재판자로다" 말씀합니다. 율법을 주신 분은 하나님이시므로 우리가 재판장이 되어 형제를 비방하고 판단하는 것은 교만이요, 큰 죄입니다. 따라서 누구를 심판해서도 안 되고 원수를 갚아서도 안 됩니다. 다만 심판 날에 주님께서 갚아 주심을 믿기에 하나님께 맡기는 것입니다.

그러면 생활 속에서 감정 상할 일이 생기면 어떻게 해야 할까요? 우리가 살다 보면 개인적으로나 형제간에, 혹은 가족 간에, 동료나 이웃 간에 감정 상할 일들이 수없이 일어날 수 있습니다. 그럴 때 예수님께서는 "누구든지 네 오른편 뺨을 치거든 왼편도 돌려 대며 또 너를 송사하여 속옷을 가지고자 하는 자에게 겉옷까지도 가지게 하며 또 누구든지 너로 억지로 오 리를 가게 하거든 그 사람과 십 리를 동행하고 네게 구하는 자에게 주며 네게 꾸고자 하는 자에게 거절하지 말라"(마 5:39~42) 말씀하셨습니다. 또 "너희 원수를 사랑하며 너희를 핍박하는 자를 위하여 기도하라"(마 5:44) 말씀하셨지요.

이러한 마음을 가지고 상대를 이해하며 포용한다면 감정을 제어할 수 있습니다. 진리의 말씀에 의지하여 이해하고 포용하려고 노력한다면 다툼이나 원망, 불평, 불만, 탄식이 나오지 않습니다. 나아가 사랑으로 상대의 마음을 녹이니 모든 사람과 화평을 이룰 수 있지요.

감정을 제어하지 않으면

사람이 살다 보면 큰 문제는 물론 사소한 일로도 감정이 일어나는 것을 봅니다. 만일 감정이 일어날 때 제어하지 않고 감정대로 일을 처리한다면 어떻게 될까요? 무엇보다 자신이 힘들며 많은 사람이 상처받고 고통을 당합니다.

성경에는 시기라는 감정을 제어하지 못하여 인생을 망친 사람이 있습니다. 바로 이스라엘 초대 왕 사울입니다. 그는 신하 다윗을 시기했습니다. 매번 전쟁을 승리로 이끈 다윗은 이스라엘 백성이라면 모르는 사람이 없을 정도입니다. 사람들은 그를 왕인 사울보다 더 칭송하고 사랑했습니다. 그때 사울의 마음이 어떠했을까요?

"사울이 이 말에 불쾌하여 심히 노하여 가로되 다윗에게는 만만을 돌리고 내게는 천천만 돌리니 그의 더 얻을 것이 나라밖에 무엇이냐"(삼상 18:8)

사울은 이스라엘에서 찾아보기 힘들 만큼 용모가 준수했고 한 나라의 왕이었습니다. 그러한 자신 외에 감히 누가 칭송을 받는다는 것을 참을 수가 없었습니다. 또한 자칫 왕의 자리를 빼앗기지는 않을까 하는 조바심이 생겼습니다. 다윗이 백성의 힘을 등에 업는다면 못할 것도 없다는 생각이 든 것입니다. 질투의 감정은 권력을 빼앗기지 않으려는 몸부림을 낳았고 평생 불안에 시달리게 했습니다. 심지어 다윗을 아끼고 사랑하는 자신의 아들 요나단에게 화를 내며 단창을 던져 죽이려 합니다.

결국 감정을 제어하지 않은 사울은 다윗을 죽이기 위해 갖가지 방법을 동원합니다. 많은 군사를 이끌고 다윗의 뒤를 쫓았던 사울에게 과연 평안이 있었겠습니까? 나라는 또한 얼마나 혼란스러웠겠습니까? 한 사람이 감정을 제어하지 않으므로 자신과 가족, 나라 전체가 고통받았던 것입니다.

감정을 제어하고 하나님께 맡겨야

다윗처럼 훌륭한 사람도 감정을 온전히 제어하지 못한 경우가 있었습니다. 다윗이 왕위에 오른 후 아들 압살롬의 반란으로 도피할 때였습니다. 사울 왕의 집 사람 중에 시므이라는 사람이 다윗 일행을 따라오면서 계속 저주하고 티끌을 날리며 돌을 던졌습니다. 아무리 다윗을 싫어한다 해도 왕에게 이렇게 행동했으니 분명 시므이가 잘못한 일이었지요.

그러자 다윗의 장수 아비새가 그를 죽이려고 했습니다. 당시 다윗은 하나님 앞에 연단을 받고 있는 처지였기에 자신을 저주하고 욕하는 시므이를 용서해 주었습니다. 그 후에 다윗이 예루살렘으로 돌아오자, 시므이가 다윗 앞에 엎드려 백배 사죄하였습니다. 아비새는 이번에도 그를 죽이고자 하였습니다. 그러나 다윗은 그를 죽이지 않겠다고 맹세까지 합니다.

하지만 결과적으로 다윗은 아들 솔로몬을 통해 그를 징치했지요. 죽이지 않겠다고 맹세한 대로 자신이 직접 죽이지는 않았지만 솔로몬에게 유언을 남겨 그를 죽이게 했던 것입니다. 열왕기상 2장 9절에 "저를 무죄한 자로 여기지 말지어다 너는 지혜 있는 사람인즉 저에게 행할 일을 알지니 그 백발의 피를 흘려 저로 음부에 내려가게 하라" 유언했지요.

이에 솔로몬은 왕위에 오른 뒤 시므이를 불러다가 예루살렘 밖으로 나가 기드론 시내를 건너는 날에는 죽게 될 것이라 말했습니다. 시므이는 생각 없이 동의하였고 얼마간은 아무 일도 없었습니다. 그런데 3년이 지난 뒤 어느 날 시므이의 두 종이 가드로 도망간 일이 생겼습니다. 그러자 시므이는 그들을 찾아오려고 예루살렘을 떠나 가드까지 갔다오고 말았습니다. 결국 솔로몬의 올무에 걸려든 것입니다.

그 사실을 알고 솔로몬은 시므이를 엄히 추궁한 뒤 죽이고 맙니다. 비록 다윗이 시므이에게 용서한다고 했지만 진정한 용서가 아닌, 감정으로 이루어진 사건입니다. 다윗이 그렇게까지 하지 않았어도 시므이는 악을 쌓았기에 그 보응을 받게 될 사람이었습니다. 그러므로 하나님께서는 성령이 역사하시는 지금에는 다윗과 같은 행함조차도 하지 않기를 원하십니다.

오직 하나님께 모든 것을 맡기고 선을 행할 때 하나님께서 직접 심판하십니다. 하만에 대한 심판이 그 예입니다. 바사 제국의 신하 하만은 유다 사람 모르드개가 자기에게 절하지 않는 것을 보고 몹시 노하여 감정을 품었습니다. 그래서 모르드개는 물론 그의 민족을 모조리 몰살하려고 흉계를 꾸며 왕의 조서까지 받아냅니다.

이를 안 모르드개와 그의 사촌 누이 에스더는 금식하며 이 일을 하나님께 부탁하였습니다. 유다인으로서 왕비였던 에스더는 왕 앞에 나가 침착하고 지혜롭게 탄원하였습니다. 그랬더니 하나님께서 역사하여 직접 심판하셨습니다. 악한 하만이 모르드개를 달려고 세워 놓은 나무에 오히려 자신이 달려 죽은 것입니다.

신약 시대에도 마찬가지입니다. 헤롯 왕이 교회를 핍박하면서 사도 야고보를 칼로 죽이고 베드로를 옥에 가두었습니다. 이때 교회는 베드로를 위해 간절히 기도하며 하나님께 맡겼지요. 그러자 하나님께서 천사를 보내 쇠사슬에 매인 베드로를 풀어 밖으로 이끄셨습니다.

그런데 사도들을 핍박하고 악을 행한 헤롯은 어떻게 되었습니까? 사도행전 12장 21~23절에 "헤롯이 날을 택하여 왕복을 입고 위에 앉아 백성을 효유한대 백성들이 크게 부르되 이것은 신의 소리요 사람의 소리는 아니라 하거늘 헤롯이 영광을 하나님께로 돌리지 아니하는 고로 주의 사자가 곧 치니 충이 먹어 죽으니라" 했습니다. 하나님께서 직접 심판하신 것입니다.

선으로 악을 이겨야

감정으로 일을 처리하는 것은 조금도 유익이 되지 않습니다. 역사를 보아도 감정싸움이 많은 생명을 앗아가는 경우가 종종 있었습니다. 부부간에도 사소한 일로 감정이 생기면 다툼으로 이어지고 심하면 별거나 이혼까지 합니다. 형제 간에도 감정 대립으로 오해를 불러일으키고 심지어 원수 맺는 일도 생깁니다. 그러나 모든 일에 감정으로 대하지 않고 오직 선으로 행하면 하나님께서 책임져 주십니다.

아브라함의 아들 이삭은 상대방이 애매히 다툼을 걸어오는 상황에서도 끝까지 선으로 참아 화평을 이루었습니다. 이삭이 흉년을 피하여 블레셋 사람의 땅에 거하게 되었을 때의 일입니다.

하나님께서 이삭을 축복하시니 가축과 종들이 불어나 세력이 커지자, 블레셋 사람들이 이삭을 시기하여 그의 우물을 흙으로 메워 버렸습니다. 그 지역은 강수량이 적기 때문에 우물은 매우 중요한

자산이었습니다. 더구나 봄과 여름은 비가 오지 않기 때문에 좀처럼 물을 얻기가 어려웠지요. 블레셋 사람들은 이렇게 생명과 같은 우물을 메워 버리고는 이삭을 쫓아내려 했던 것입니다.

그러나 이삭은 한 마디 항의도 하지 않고 다른 곳으로 옮겨 예전에 자신의 아버지 아브라함이 팠던 우물을 다시 팠습니다. 그러자 블레셋 사람들은 그 우물도 자신들의 것이라고 주장하였습니다. 이번에도 이삭은 다투지 않고 다른 우물을 팠습니다. 이렇게 블레셋 사람들은 이삭을 시기하여 자꾸 따라다니며 귀찮게 하였으나 이삭이 그럴 때마다 다투지 않고 다른 곳에 우물을 파니 결국 다툼이 그쳤습니다. 그제야 이삭은 평안히 거하면서 지경을 넓힐 수 있었습니다.

그러던 어느 날, 이삭을 괴롭히던 블레셋 사람의 왕 아비멜렉이 찾아와 "하나님께서 너와 함께 계심을 우리가 분명히 보았노라" 하며 화평의 조약을 맺자고 합니다. 이삭을 지키시는 하나님께서 주관하시니 그들의 마음에 이삭을 대적하는 일에 대해 두려움이 생겼던 것입니다. 물이 귀한 곳임에도 불구하고 쫓겨갈 때마다 또 다른 곳에서 물을 얻으며 갈수록 지경만 넓어지는 것을 보니 하나님께서 이삭과 함께하신다는 사실을 깨달은 것이지요.

만일 이삭이 애초에 변론하고 싸웠더라면 서로 감정이 격해져서 원수를 맺게 되었을 것이니 이삭은 블레셋 땅에서 살아남을 길이 없었을 것입니다. 그러나 우물을 얻는다는 것이 쉬운 일이 아니었지만 이삭은 결코 그들과 싸우지 않았습니다. 자신이 정당하게 변론한다 해도 이미 악한 마음으로 다투고자 하는 그들에게는 소용이 없다는 것을 알았기 때문입니다. 이삭은 오히려 양보하고 선을 좇으며 하나님만 의뢰해 나가니 하나님의 방법으로 평안을 얻게 하셨던 것이지요. 이것이 바로 하나님의 지혜입니다.

상대가 감정이 나서 악을 행해도 선으로 대한다면 이런 사람은 누구와도 화목할 수 있습니다. 화목하니 뼈가 상하는 고통을 받지도 않습니다. 상대가 비방하고 악으로 대해도 오히려 사랑으로 이해하고 기도해 주므로 고통받을 이유가 없지요. 그러니 가족 간이나 이웃 간에 또는 일터 등에서 감정으로 부딪치지 말고 선으로 악을 이겨야 합니다. 감정을 제어하고 다만 기도와 금식으로 하나님께 맡겨야 합니다. 그럴 때 하나님께서 범사에 형통한 복을 주시고 사랑과 인정을 받게 하십니다.

하나님께서는 이런 선한 중심을 찾으십니다. 혹여 누가 기분 나쁘게 하면 그 자리에서 얼굴을 붉히거나 감정이 일어나지는 않습니까? 그러므로 감정으로 원수 맺은 것이 없는지, 내 눈에는 들보가 있으면서 재판장이 되어 판단하거나 형제의 티를 빼려 하지는 않았는지 돌아보아야 합니다. 시편 37편 7~9절에 "여호와 앞에 잠잠하고 참아 기다리라 자기 길이 형통하며 악한 꾀를 이루는 자를 인하여 불평하여 말지어다 분을 그치고 노를 버리라 불평하여 말라 행악에 치우칠 뿐이라 대저 행악하는 자는 끊어질 것이나 여호와를 기대하는 자는 땅을 차지하리로다" 말씀합니다.

따라서 각 사람이 행한 대로 공의롭게 심판하시는 하나님 앞에 모든 것을 맡기는 지혜로운 사람이 되어야겠습니다. 감정을 제어하고 오직 사랑의 마음으로 선을 행하여 범사에 복된 길로 나가시기 바랍니다.

양수과소증이던 아내 정상분만했어요

최종훈 집사
(남, 서울)

2007년 12월 말, 저는 성도와 돈거래를 하는 불미스러운 일이 있었습니다. 그 일이 잘못되어 저희 부부는 매월 수백만 원에 달하는 과중한 이자와 사채업자의 빚 독촉 등으로 노이로제에 걸릴 지경이었습니다. 저 때문에 벌어진 그 일로 아내는 많이 힘들어했고 자주 다투었습니다.

이런 환경 속에서 2009년 5월, 임신한 아내 이현정 집사는 초기부터 하혈을 자주했고 그 양도 매우 많았습니다. 하루는 하혈된 양이 너무 많아 유산된 줄 알고 병원에 갔더니 다행히 산모와 태아 모두 이상이 없다고 했습니다. 9월 18일, 한창 금요철야예배 1부를 드릴 때였습니다.

"이게 뭐지? 여보! 하혈하나 봐요. 치마가 다 젖었어요."

그때 아내가 감색 치마를 입고 있었기 때문에 하혈하는 줄 알았습니다. 평소에도 가끔 그랬기에 대수롭지 않게 생각했지요. 그때가 임신 19주째

였는데, 아내의 볼록한 배가 홀쭉해진 것을 발견했습니다.

"아무래도 이상해. 왜 배가 홀쭉하지? 산부인과에 가서 검사 한번 받아 보는 게 좋겠어."

9월 28일, 동네 산부인과(청화병원)에서 초음파 검사를 했습니다. 그 결과 뱃속에 양수가 없다는 게 아닙니까! 양수는 자궁의 양막 안에 있는 걸쭉한 액체로서, 태아의 발육을 도우며 출산할 때에 흘러나와서 분만을 쉽게 해주는 역할을 합니다. 의사는 매우 위험한 상태이니 큰 병원(강남성심병원)으로 옮기라고 하여 9월 30일, 양수과소증(뱃속에 양수가 거의 없는 상태의 증상)이라는 진단을 받고 입원했습니다.

'왜 아내가 이런 상황에 처하게 되었을까?'

고민하던 저는 아내와 불화가 잦은 것도 있었지만 무엇보다도 제가 성도간에 돈거래와 보증 선 일이 하나님 말씀(잠 22:26)에 불순종한 큰 죄임을 깨닫자 통회자복이 나왔습니다. 저로 인해 고통받는 아내와 아이들에게 너무나 미안했습니다. 이재록 목사님을 찾아가 회개했을 때 따뜻한 사랑과 권면의 말씀으로 보듬어 주셨습니다. 그날 저는 충성된 하나님 일꾼이 될 뿐 아니라 아내와 아이들에게도 좋은 남편, 좋은 아빠가 되리라 다짐했습니다. 아내도 흔쾌히 이해해 주며 하나님만 의지하기로 했지요.

우리 부부는 '아기가 잘못되면 어쩌지?' 하는 염려나 걱정은 하지 않았습니다. 10월 4일 주일, 아내는 입원 중에 의사의 만류에도 불구하고 서약서를 쓰고 외출하여 저와 함께 이재록 목사님께 기도를 받았습니다. 마음이 평안했지요. 아내는 믿음을 내보이고자 10월 5일 퇴원하고 집으로 왔습니다. 2주 후 사택에서 저 혼자 이재록 목사님께 기도를 받았는데, 그때 "개척 당시에도 양수 없이 출산한 분이 계세요." 하고 믿음을 심어 주며 사랑으로 바라봐 주셨습니다. 저는 믿음으로 "아멘" 했고, 그 말씀을 전해들은 아내에게도 큰 믿음과 생명이 되어 임신 기간 동안 잘 승리할 수 있었습니다.

보통 수분을 많이 섭취하고, 수액(포도당)을 주사하면 하루하루 양수가 생기는데 기도받기 전에는 생리대가 1~2개 젖을 정도였는데, 기도받은 후에는 이상하리만큼 파열된 양막 구멍에서 이전보다 더 많은 양의 양수가 흘러나오는 것이었습니다. 하루에 생리대 2~3개를 넘어 팬티까지 흥건히 젖을 정도였지요. 하지만 저희 부부는 하나님께 보장받는 기도를 받았으니 양수 없이도 건강한 아이를 낳을 것을 믿고 열심히 기도했습니다.

의학적 소견으로는 양막 파열로 세균이 감염되면 태아가 유산되거나 산모가 위험하다고 했습니다. 또한 산모의 뱃속에 양수가 없으면 기형아를 출산하거나, 태아 발육과 체온 유지가 어려워 매우 위험하다고 합니다. 담당의사 선생님도 양막이 파열되고 양수가 없는 상태이니 2주 동안만 지켜보고 즉시 아기를 뱃속에서 꺼내든지 수술하든지 결단을 내려야 한다고 했습니다.

그런데 아내는 양수가 거의 빠져나간 상태로 4개월 이상을 지냈습니다. 저희가 기도받을 때 이재록 목사님께서 '양수 없이도 출산한 분'이 있다고 말씀하신 것은 저희에게 믿음과 소망을 주기 위해서임을 뒤늦게 깨달았습니다. 우리는 축복기도를 받았으니 순산으로 영광 돌릴 것이라고 늘 믿음의 고백을 했습니다. 2010년 1월 3일, 출산 예정일을 한 달 앞두고 출산 기도를 받았습니다.

"아버지 하나님! 태아의 몸무게도 알맞게, 건강하게 출산하도록 역사해 주옵소서."

그 기도를 들으신 하나님께서 빠르게 역사하셨습니다. 기도받은 지 3일 만에, 즉 출산 예정일을 앞당겨 잉태 9개월(35주) 만에 건강한 아기를 낳았습니다. 1월 2일, 초음파 검사 당시 몸무게가 2.02kg이었는데, 기도받은 지 3일 만에 약 600g이 불어난 2.6kg인 아기가 태어난 것입니다. 출산 직전 담당의사가 저체중으로 신생아 중환자실이나 인큐베이터에 들어갈 가능성이 있다고 했지만 의사도 어찌 알았겠습니까. 어느 누구라도 이재록 목사님의 기도를 통한 하나님 역사를 부인하지 못할 것입니다.

이제 저희 부부에게는 사랑스런 세 딸 하은(8세), 하영(6세), 갓 태어난 '하나(1세)'가 있습니다. 모두 하나님 은혜 가운데 예쁘게 잘 성장하고 있으니 하나님께 모든 감사와 영광을 돌립니다.

Chapter 11

믿음의 행함

여호와께서 여호수아에게 이르시되 … 너는 언약궤를 멘 제사장들에게 명하여 이르기를 너희가 요단 물가에 이르거든 요단에 들어서라 하라 … 온 땅의 주 여호와의 궤를 멘 제사장들의 발바닥이 요단 물을 밟고 멈추면 요단 물 곧 위에서부터 흘러 내리던 물이 끊어지고 쌓여 서리라 **여호수아 3:7~13**

하나님을 믿는 사람은 '믿음'이라는 말만 들어도 가슴이 설렙니다. 믿음으로 죄를 용서받아 구원에 이르고 천국에서 영생복락을 누리기 때문입니다. 천국은 어떤 권세나 명예나 부로도 갈 수 없고, 오직 믿음으로만 갈 수 있습니다. 또한 믿음이 있으면 전지전능하신 하나님을 만나 모든 문제를 해결받을 수 있습니다. 그러니 믿음이 얼마나 귀한지요.

마가복음 9장 23절에 "할 수 있거든이 무슨 말이냐 믿는 자에게는 능치 못할 일이 없느니라" 하신 대로 믿는 이에게는 불가능이 없습니다. 또 민수기 23장 19절에 "하나님은 인생이 아니시니 식언치 않으시고 인자가 아니시니 후회가 없으시도다 어찌 그 말씀하신 바를 행치 않으시며 하신 말씀을 실행치 않으시랴" 하였으니 성경 66권에 기록된 모든 약속의 말씀, 축복의 말씀이 생활 속에 믿음대로 이루어집니다.

하나님께서 원하시는 믿음

오늘날 믿음의 정의를 바로 알지 못하여 참된 믿음을 갖지 못한 사람이 많습니다. 믿음은 크게 육적인 믿음과 영적인 믿음으로 나눌 수 있습니다. 먼저 육적인 믿음은 눈으로 보아 확인이 되고 자신의 상식이나 지식과 일치하기 때문에 믿는 믿음입니다. 가령 나무로 책상을 만드는 것을 이미 보아서 아는 사람은 누가 나무로 책상을 만들었다고 하면 의심 없이 믿습니다. 이것은 유에서 유의 창조, 즉 있는 것에서 무엇인가 만들어 내는 것을 믿는 믿음입니다.

반면에 사람의 생각이나 지식에 맞지 않아도 믿는 것을 영적인 믿음이라고 합니다. 육적인 믿음과 반대되는 영적인 믿음은 무에서 유의 창조, 즉 없는 것에서 무엇인가 만들어 내는 것을 믿는 믿음입니다. 천지 만물이 하나님 말씀으로 창조된 것을 믿으며, 하나님의 전지전능하심을 믿는 믿음이지요.

이러한 영적인 믿음이 참 믿음이며, 이 믿음이 있어야 응답받고 천국에 들어갈 수 있습니다. 그런데 영적인 믿음은 스스로 가질 수 있는 것이 아닙니다. 하나님께서 주셔야만 가질 수 있습니다. 로마서 12장 3절을 보면 "오직 하나님께서 각 사람에게 나눠 주신 믿음의 분량대로 지혜롭게 생각하라" 하였습니다. 즉 각 사람의 그릇에 따라 하나님께서 영적인 믿음을 나눠 주시는 것입니다.

그러면 어떤 사람에게 영적인 믿음을 주시는 것일까요? 바로 하나님 말씀대로 행하는 사람입니다. 미움, 다툼, 시기, 간음 등 비진리의 마음을 버리고 원수라도 사랑하며 계명을 준행하는 만큼 영적인 믿음을 주십니다. 만일 스스로 영적인 믿음을 가질 수 있다면 응답받지 못할 사람이 어디 있겠습니까? 대통령이 되고 싶다면 "주여, 대통령이 되게 해 주세요. 믿습니다." 할 것이고, 미운 사람이 있다면 "저 사람을 징계하여 주옵소서." 하고 기도할 것입니다. 그 기도가 그대로 응답된다면 어떻게 될까요? 그러니 하나님께서 아무에게나 영적인 믿음을 주시는 것이 아닙니다. 진리로 변화된 만큼 마음으로부터 믿어지는 믿음을 주시지요.

따라서 우리가 응답받으려면 육적인 믿음을 영적인 믿음으로 변화시켜야 합니다. 그러기 위해서는 영적인 믿음을 갖지 못하게 방해하는 육신의 생각을 깨뜨려야 합니다. 육신의 생각이란 비진리의 모든 생각을 말하며, 이 생각이 있기 때문에 하나님 말씀이 믿어지지 않고 자꾸 의심이 생기는 것입니다.

사람들은 자신이 쌓은 지식, 경험, 생각이 옳다 여기지만 그러한 것들 중에는 진리가 아닌 것이 많습니다. 이렇게 잘못 입력된 지식이 육신의 생각을 불러일으켜 영적인 믿음을 갖지 못하도록 방해합니다. 육신의 생각이 많은 사람은 자기 지혜를 동원하므로 자신의 능력 밖의 일은 이루지 못합니다. 육신의 생각을 깨뜨리고 입력된 지식 가운데 잘못된 것은 빼내어 영적인 믿음을 가져야 하나님의 능력으로 무엇이든지 할 수 있습니다.

믿음의 행함으로 나타나는 하나님의 역사

성경에는 사람의 생각으로는 이해할 수 없는 일들이 많이 나옵니다. 출애굽한 이스라엘 백성이 40년의 광야 생활을 마치고 마침내 여호수아를 따라 가나안 땅으로 들어갈 무렵입니다. 가나안 땅에 들어가려면 반드시 요단강을 건너야 했습니다.

해마다 보리를 거두는 그맘때면 요단강은 물이 언덕에 넘칠 정도였습니다. 그런데 하나님께서 여호수아에게 "너는 언약궤를 멘 제사장들에게 명하여 이르기를 너희가 요단 물가에 이르거든 요단에 들어서라 하라" 말씀하십니다. 여호수아는 하나님 말씀을 믿고 백성에게 말합니다. "여호와의 궤를 멘 제사장들의 발바닥이 요단 물을 밟고 멈추면 요단 물 곧 위에서부터 흘러 내리던 물이 끊어지고 쌓여 서리라" 이것이 있을 수 있는 일입니까? 그러나 여호수아와 이스라엘 백성은 하나님 말씀을 믿고 행진합니다.

여호와의 궤를 멘 열두 제사장을 앞세운 행렬이 드디어 요단강 물가에 다다랐습니다. 선두에 선 제사장들이 거세게 흘러내리는 강물로 들어갑니다. 그들의 발이 물가에 잠기자 놀라운 일이 벌어집니다. 위에서부터 내려오던 강물이 멈추더니 멀리 있는 아담 읍 변방에 물이 쌓이고, 이스라엘 백성 앞에 흐르던 강물이 완전히 끊어졌습니다(수 3:15~17).

그 외에도 육신의 생각을 동원하면 믿을 수 없는 일이 많지요. 어떻게 이스라엘 백성이 광야에서 낮에는 구름기둥으로, 밤에는 불기둥으로 인도받으며, 모세가 나뭇가지를 던져 넣으니 쓴 물이 단물이 될 수 있겠습니까? 매일같이 수백만의 백성이 먹을 수 있는 만나가 하늘에서 내리는 일이나 지팡이로 반석을 치니 물이 나오는 일이 어떻게 있을 수 있겠습니까? 그러나 하나님의 전지전능하심을 믿고 행했을 때에 그러한 일들이 일어났습니다.

육신의 생각을 깨뜨리고 믿음으로 행하면 하나님의 크신 역사가 나타나는 것입니다. 그래서 고린도후서 10장 5절에 "모든 이론을 파하며 하나님 아는 것을 대적하여 높아진 것을 다 파하고 모든 생각을 사로잡아 그리스도에게 복종케 하니" 말씀합니다. 또한 로마서 8장 6~7절에도 "육신의 생각은 사망이요 영의 생각은 생명과 평안이니라 육신의 생각은 하나님과 원수가 되나니 이는 하나님의 법에 굴복지 아니할 뿐 아니라 할 수도 없음이라" 하셨습니다.

육신의 생각은 하나님의 뜻을 좇지 않기 때문에 죄를 낳고 죄의 삯은 사망(롬 6:23)이니 결국 사망을 낳습니다. 그러나 영의 생각은 하나님의 뜻을 좇기 때문에 생명을 낳고 평안을 가져다줍니다. 우리는 하나님의 역사를 체험할 수 있도록 모든 생각과 이론을 깨뜨리고 영의 생각을 좇아 순종해야 합니다. 그럴 때 하나님께서 그 믿음의 행함을 기뻐하시고 역사를 베푸십니다.

믿음으로 하나님의 역사를 체험하려면

그러면 우리가 믿음의 행함으로 하나님의 역사를 체험하려면 구체적으로 어떻게 해야 할까요?

하나님을 만나 그 말씀을 듣고 순종해야 합니다.

만일 모세가 마음속으로 '지팡이 든 손을 내민다고 해서 과연 홍해가 갈라질까? 안 되면 어떻게 하나?' 의심했다면 하나님의 역사가 이루어졌겠습니까? 의심치 않고 온전히 믿었기에 믿음대로 역사된 것입니다. 이렇게 모세가 영적인 믿음을 갖기까지에는 과정이 필요했습니다.

호렙 산 떨기나무 불꽃 가운데 나타나신 하나님께서 모세에게 이스라엘 백성을 출애굽시키라고 명하십니다(출 3~4장). 그러자 모세는 백성이 자기를 믿지 않을 것이라 말합니다. 이에 하나님께서는 믿을 수 있는 증거로 표적을 보여 주십니다. 모세가 말씀에 순종하여 지팡이를 던졌더니 지팡이가 뱀이 되고 손을 내밀어 꼬리를 잡았더니 다시 지팡이가 된 것입니다. 또 손을 품에 넣었다가 빼니 문둥병이 생겼고 다시 품에 넣으니 정상이 되었지요.

그때까지도 모세는 온전한 믿음을 갖지 못했습니다. 그래서 "주여 나는 본래 말에 능치 못한 자라 … 나는 입이 뻣뻣하고 혀가 둔한 자니이다" 하고 선뜻 순종하지 못하지요. 그러자 하나님께서는 그의 형 아론을 대언자로 세워 주십니다. 그리고 애굽에 열 재앙을 내리시는 등 모세가 순종할 때마다 믿을 수 있는 증거를 나타내 주시니 그의 믿음이 온전해질 수 있었습니다.

우리도 마찬가지입니다. 하나님께서는 구원이나 죄 사함, 축복 등 저마다 구하는 것을 주실 수 있지만 우리가 믿지 못함으로 받지 못하는 것입니다. 그렇기 때문에 마음에 믿어지는 영적인 믿음을 소유하여 믿음의 행군을 할 수 있기까지는 금식하고 기도하며 열심히 하나님 말씀을 듣고 순종해 나가는 과정이 필요합니다. 그럴 때 하나님이 주시는 영적인 믿음을 받을 수 있습니다. 이 믿음을 받아야만 믿음으로 행군할 수 있지요.

그래서 성경 곳곳에는 믿음의 사람들이 하나님을 향하여 기도하며 금식했던 모습이 기록되어 있습니다. 역대하 20장에 보면 남유다 왕국의 여호사밧 왕이 금식하며 부르짖는 장면이 나옵니다. 모압과 암몬의 연합군이 큰 무리를 이루어 유다를 치러 왔을 때 여호사밧 왕은 그들과 싸워 이길 수 있다는 믿음이 오지 않아 두려움이 엄습하였습니다. 이에 온 백성과 함께 금식하며 간절히 기도하니 하나님께서 승리를 약속하셨습니다. 그 말씀을 믿은 여호사밧 왕은 한 가지 일을 계획합니다. 무장한 군인을 앞세우지 않고 거룩한 예복을 입은 성가대를 앞세워 행진하며 하나님께 감사 찬양을 올리게 했습니다.

하나님께서는 그 믿음을 기뻐하셔서 승리하게 하십니다. 즉 유다를 치러 온 연합군끼리 싸움이 붙어 자멸한 것입니다. 유다 군대가 연합군의 진지에 이르렀을 때에는 땅에 엎드러진 시체뿐이고 그들 중 한 사람도 살아남지 못했습니다. 널려 있는 전리품이 어찌나 많았던지 그것을 운반하는 데에만 사흘이 걸렸습니다. 믿음으로 행군한 결과이지요.

믿음의 체험을 얻기 위해 기도해야 합니다.

하나님을 믿는다면서도 체험이 없는 사람은 체험하게 해 달라고 기도해야 합니다. 이것은 하나님을 믿지 못해서가 아닙니다. 하나님을 더 뜨겁게 사랑할 수 있도록 여러 방면으로 하나님에 대해 더 알고자 하는 것입니다. 그러므로 질병이나 문제가 있는 사람은 이를 해결받기 위해 구해야 합니다.

또한 하나님과 우리 사이에 필요한 것들을 구해야 합니다. 하나님과의 사이에 필요한 것이란 하나님을 만나는 것과 하나님을 믿는 것, 믿음으로 죄 사함 받는 것, 구원의 확신을 갖는 것, 하나님 나라를 위해 재능을 계발하는 것, 순종하는 것 등 여러 가지가 있습니다. 이렇게 하나님의 은혜를 구할 때에 하나님께서 역사하십니다.

꿈과 목표를 응답받기 위한 믿음의 행함이 있어야 합니다.

먼저는 이루고자 하는 꿈과 비전, 목표가 있어야 하고 그것을 응답받기 위한 믿음의 행함이 있어야 합니다. 가령 교회가 부흥하려면 손을 놓은 채 기도와 금식만 한다고 되는 것이 아닙니다. 기본적으로 구역장이나 기관장을 비롯하여 실제적으로 영혼을 갈무리하는 이들이 심방하고 전도하는 등 구체적인 행함이 있어야 합니다. 믿고 기도하며 이렇게 행함을 보였을 때에 교회가 부흥하는 것입니다.

또한 물질의 축복을 받아 마음껏 선교하고 구제하기 원한다면 어떻게 해야 할까요? 하나님께서는 "너희의 온전한 십일조를 창고에 들여 나의 집에 양식이 있게 하고 그것으로 나를 시험하여 내가 하늘 문을 열고 너희에게 복을 쌓을 곳이 없도록 붓지 아니하나 보라"(말 3:10) 약속하셨으니 믿음으로 심어야 합니다. 저는 초신자 때에도 자로 재듯이 정확히 십분의 일을 계산하지 않고 믿음으로 십의 이조를 하나님께 드렸습니다. 또 감사의 조건을 찾아 열심히 심었더니 물질의 축복을 넘치게 받았습니다.

이처럼 가만히 때만 기다리는 것이 아니라 기도와 금식은 물론, 적극적인 믿음의 행함을 보일 수 있어야 합니다. 여호수아의 명에 따라 제사장들이 언약궤를 메고 요단강에 발을 내디뎠을 때에 물의 흐름이 멈춘 것처럼 믿음의 행함을 내보여야 하는 것입니다.

우리가 믿음으로 바라보고 행하면 “믿음은 바라는 것들의 실상이요 보지 못하는 것들의 증거”(히 11:1)라 하신 대로 바라던 것이 실제로 주어집니다. 그러므로 지금 당장 아무것도 보이지 않아도 응답의 열매를 믿음의 눈으로 바라보며 항상 믿음의 행군을 하시기 바랍니다.

Chapter 12

선을 행하되 낙심하지 말지니

> 우리가 선을 행하되 낙심하지 말지니 피곤하지 아니하면 때가 이르매 거두리라 **갈라디아서 6:9**

하나님의 아들로서 이 땅에 오신 예수님은 제자들의 마음 중심을 다 아셨습니다. 누구는 어떻게 충성하며 어떻게 순교할지, 누가 자신을 팔지 이미 아셨습니다. 그래서 베드로가 "다 주를 버릴지라도 나는 언제든지 버리지 않겠나이다" 고백했을 때에도 "오늘 밤 닭 울기 전에 네가 세 번 나를 부인하리라" 말씀하신 것입니다. 베드로는 "내가 주와 함께 죽을지언정 주를 부인하지 않겠나이다" 고백했지만 결국 예수님 말씀대로 이루어졌습니다.

예수님께서는 가룟 유다가 자신을 팔 것임을 이미 알고 계셨지만 (요 6:64, 6:70~71) 그를 버리거나 책망하지 않으셨습니다. 어찌하든 깨닫고 회개할 수 있도록 기회를 주시며 끝까지 사랑하셨습니다. 이러한 마음을 하나님께서 의롭고 사랑스럽다 하십니다. 하나님은 선을 행하다가 아무도 알아주지 않으면 낙심하고 불평하는 것이 아니라 어떤 상황에서도 변함없이 선을 행하기 원하십니다. 이처럼 변함없는 중심으로 선을 행하여 하나님을 기쁘시게 한 사람으로는 룻이 있습니다.

정한 마음을 소유한 룻

룻은 여호수아가 죽은 뒤 사사들이 이스라엘을 치리하던 때에 모압에 살던 여인입니다. 출애굽하여 가나안 땅에 들어온 이스라엘 민족은 여호수아가 죽은 후 하나님을 떠나 우상 숭배에 빠져들었습니다. 그 결과 주변 다른 민족으로부터 침략을 당하고 흉년이 들어 많은 어려움을 겪었습니다.

이때 유다 땅 베들레헴에 한 가족이 살고 있었습니다. 남편인 엘리멜렉과 아내인 나오미, 그리고 두 아들 기룐과 말론입니다. 이들은 기근을 피해 고향을 떠나 모압 지방으로 이주하였습니다. 모압은 이스라엘 동편에 있는 오늘날의 요르단입니다. 이 가족이 모압으로 이주한 뒤에도 환난이 그치지 않아 가장인 엘리멜렉이 죽고 말았습니다. 과부가 된 나오미는 두 아들에게 모압 여인 오르바와 룻을 각각 아내로 맞아 가정을 꾸리게 했습니다.

그들이 함께 10년쯤 살았을 때 이번에는 나오미의 두 아들마저 죽고 말았습니다. 나오미의 가정에는 과부가 된 세 여자만 남았지요. 온 가족이 기근을 피해 고향을 떠났는데 남편과 두 아들이 다 죽었으니 얼마나 기구하고 비참한 처지입니까?

이 사건을 통하여 하나님의 섭리를 알 수 있습니다. 물을 떠난 물고기가 살 수 없듯이 하나님의 자녀는 하나님의 품을 떠나면 결코 살 수 없는 것입니다. 베들레헴은 영적으로 하나님의 품인데 나오미의 가정은 하나님을 떠나 모압으로 갔으니 세상을 바라본 것이고, 더 큰 어려움에 빠져든 것입니다.

우리가 하나님 품 안에서 신앙생활을 하는데 어려움이 온다면 이는 하나님께서 허락하신 연단입니다. 하나님께서는 연단을 통해 정금 같은 믿음을 갖게 하고 축복받는 사람으로 나오게 하십니다. 그러므로 하나님의 자녀에게 연단은 축복입니다. 그런데 연단을 피해 다른 지방으로 갔다는 것은 하나님의 품을 떠났다는 의미입니다. 하나님 품 안에서 연단을 인내하며 이겨내야 축복을 받을 수 있는데 그 품을 떠나버렸으니 어려움에서 벗어나기는커녕 더 큰 시험 환난을 만나게 된 것입니다.

이제 나오미의 가정은 모든 것이 불안했고 형편도 몹시 어려웠습니다. 그러던 중 고향 베들레헴에 풍년이 들었다는 소식이 들립니다. 나오미는 고향으로 돌아가야겠다고 결심합니다. 막상 고향으로 돌아가려고 하니 남편도 없는 두 며느리가 불쌍한 생각이 들었습니다. 그래서 각각 친정으로 돌아가 평안히 살라고 말합니다. 아무런 희망도 없이 과부로 고생하며 살아야 할 며느리들의 입장을 생각하니 마음이 아팠기 때문입니다.

시어머니의 말을 들은 큰 며느리 오르바는 울며 친정으로 돌아갔습니다. 그러나 룻은 끝까지 시어머니를 떠나지 않습니다. 나오미가 돌아가라고 다시 강권하자 룻은 굳은 결심을 표명합니다.

"어머니께서 가시는 곳에 나도 가고 어머니께서 유숙하시는 곳에서 나도 유숙하겠나이다 어머니의 백성이 나의 백성이 되고 어머니의 하나님이 나의 하나님이 되시리니 어머니께서 죽으시는 곳에서 나도 죽어 거기 장사될 것이라 만일 내가 죽는 일 외에 어머니와 떠나면 여호와께서 내게 벌을 내리시고 더 내리시기를 원하나이다"(룻기 1:16~17)

며느리의 결심이 확고한 것을 본 나오미는 더 권하지 못하고 룻과 함께 베들레헴으로 돌아왔습니다.

변함없이 선을 행하여 축복을 받은 룻

시어머니를 따라 베들레헴에 돌아온 룻은 한 번도 자신의 선택을 후회하지 않았습니다. 처음과 동일한 마음으로 변함없이 시어머니를 섬겼지요. 아침부터 저녁까지 이삭을 주워 정성껏 시어머니를 봉양하였고 시어머니의 말씀에도 온전히 순종하였습니다. 선을 행하되 낙심하거나 힘들어하지 않았고 대가를 바라지도 않았으며 마땅한 도리로 여기고 부지런히 섬겼습니다.

간혹 부모를 모시는 문제로 형제간에 불화하는 경우가 얼마나 많습니까. 설령 부모를 모신다 해도 고부간의 갈등으로 서로 고통받는 경우도 비일비재합니다. 여러분이라면 어떤 쪽을 택하시겠습니까. 가정뿐만 아니라 어디에서든 룻처럼 하나님을 믿음으로 도리를 좇는 선을 택한다면 하나님께서는 반드시 더 좋은 것으로 갚아 주십니다.

룻의 효성을 전해 듣고 호의를 베풀어 준 사람이 있습니다. 바로 보아스입니다. 보아스는 나오미의 남편 엘리멜렉의 친족으로 부유할 뿐 아니라 주변 사람들에게 신망을 얻고 하나님을 사랑하는 사람이었습니다. 그는 룻에게 보리와 밀 추수를 마칠 때까지 자기 밭에서 이삭을 주울 수 있도록 배려했습니다.

모세의 율법에는 기업 무르기 법이란 것이 있습니다. 팔았던 토지를 원래의 소유자에게 회복시키거나 자녀 없이 죽은 사람의 대를 잇도록 하기 위해 죽은 사람의 미망인을 그 사망자의 친척이 취하여 대를 잇게 하는 법입니다. 나오미는 보아스가 그 집의 기업 무를 사람 중에 하나임을 알았습니다.

나오미는 룻을 위해 한 가지 일을 지시합니다. "너는 목욕하고 기름을 바르고 의복을 입고 타작마당에 내려가서 그 사람이 먹고 마시기를 다하기까지는 그에게 보이지 말고 그가 누울 때에 너는 그 눕는 곳을 알았다가 들어가서 그 발치 이불을 들고 거기 누우라 그가 너의 할 일을 네게 고하리라"(룻 3:3~4) 일렀습니다. 그 당시 정숙한 여인이 낯선 남자 곁에서 잠을 청한다는 것은 어려운 일입니다. 그 일이 사람들에게 알려지기라도 한다면 얼굴을 들고 살 수 없지요.

그러나 룻은 시어머니가 시키는 대로 했습니다. 룻이 성읍 사람들이 다 아는 정숙한 여자임을 보아스는 알고 있었기에 룻에게 기업 무를 사람의 책임을 행하기로 맹세했습니다. 기업 무를 사람으로 보아스보다 더 가까운 친족이 있었지만 그는 사랑이 없으므로 거절하였고, 그 다음 차례인 보아스는 사랑이 있으므로 허락한 것입니다. 그리하여 보아스는 룻을 아내로 삼고 아들을 낳았습니다. 그가 바로 다윗의 조부 오벳입니다. 결국 룻은 다윗 왕의 증조모가 되어 예수님의 계보에 오르는 영광을 누렸습니다.

하나님의 마음에 합한 룻의 마음

홀로 된 시어머니를 모시고 베들레헴에 온 이방 여인 룻이 어떻게 이러한 축복을 받을 수 있었을까요? 바로 그녀의 마음 중심이 하나님 앞에 합하였기 때문입니다. 룻은 자기 앞날에 아무런 희망이 없는데도 인내하며 선을 좇아 나갔습니다. 절망적인 상황에서도 아무도 원망하지 않았으며, 그녀에게서 투기라든가 자랑하는 마음, 교만하거나 무례한 모습은 상상할 수도 없습니다. 자기의 유익을 구하지 않고 성내거나 악한 것을 생각지 않았으며 모든 것을 믿으며 견뎠습니다.

고린도전서 13장에 영적인 사랑이 나옵니다. "사랑은 오래 참고 사랑은 온유하며 투기하는 자가 되지 아니하며 사랑은 자랑하지 아니하며 교만하지 아니하며 무례히 행치 아니하며 자기의 유익을 구치 아니하며 성내지 아니하며 악한 것을 생각지 아니하며 불의를 기뻐하지 아니하며 진리와 함께 기뻐하고 모든 것을 참으며 모든 것을 믿으며 모든 것을 바라며 모든 것을 견디느니라" 룻의 삶을 살펴볼 때 과연 그녀가 이런 사랑을 소유했음을 알 수 있습니다.

또한 갈라디아서 5장에 기록된 성령의 아홉 가지 열매, 곧 사랑과 희락과 화평과 오래 참음과 자비와 양선과 충성과 온유와 절제의 열매가 맺혀 있음을 알 수 있지요. 그러기에 룻 자신은 아무것도 바라지 않았지만 하나님께서는 축복의 길로 인도하신 것입니다.

우리는 룻기 말씀을 통해 큰 깨달음을 얻을 수 있습니다. 수많은 여인 중에서 룻에 대한 기록이 성경 66권 가운데 한 권을 차지하고 있다는 점입니다. 하나님께서 얼마나 룻을 기뻐하셨으면 성경에 기록하게 하셨겠습니까? 룻은 선지자도, 뛰어난 일꾼도, 능력 있는 하나님의 종도 아니었습니다.

룻기의 내용 또한 에스더와 같이 유다 민족 전체의 사활이 걸린 사건도 아닙니다. 그저 평범한 한 여인의 삶에 대한 기록인데 성경 중에 한 권을 차지했다는 것은 그만큼 룻이 하나님의 사랑과 축복을 받은 여인임을 말해 줍니다.

하나님께서는 모든 사람이 아름다운 룻의 마음을 본받아 하나님의 축복을 받기 원하십니다. 룻은 하나님이 선택한 이스라엘 백성이 아니었는데도 이스라엘 백성인 나오미의 가정에 시집온 이후 하나님을 자기의 하나님으로, 이스라엘 백성을 자기의 백성으로 삼았습니다.

우리도 룻과 같이 정함이 있어야 합니다. 한번 하나님을 믿었으면 변함없이 하나님이 나의 하나님이 되고, 믿음의 형제가 나의 형제가 되어야 합니다. 룻은 이런 중심을 가진 여인입니다. 게다가 룻은 시어머니에 대한 효성이 지극했으며 사람의 도리를 다하여 홀로 된 시어머니를 버리지 않았습니다. 자신의 자유와 젊음 등 모든 것을 포기한 채 시어머니를 붙좇아 끝까지 봉양하였으니 참으로 아름답고 정한 마음이지요.

오늘날 이러한 마음을 지닌 사람을 찾기란 쉽지 않습니다. 조금만 자기 생각이나 마음에 안 맞아도 함께하려 하지 않습니다. 하물며 룻처럼 절망적인 상황이 되면 누가 그 길을 가려 하겠습니까. 룻은 시어머니를 진심으로 사랑하고 공경했기에 그 길이 고생임을 알면서도 마땅한 도리로 여기며 행복하게 살았습니다.

행복이나 불행은 환경이나 조건에 달려 있는 것이 아니라 이처럼 마음먹기에 달려 있습니다. 룻이 어떤 대가를 바라고 선을 행한 것은 아니지만 하나님께서 축복으로 갚아 주신 것처럼, 우리도 선을 행하되 낙심치 않으면 반드시 축복을 받습니다.

중심이 선한 사람은 선한 일을 할 때 몇 번 하다가 그치지 않습니다. 상대의 유익을 위해 자신을 희생하며 사람으로서 바른 도리를 좇는 것이 하나님의 뜻이기에 룻처럼 변함없이 선을 행하는 것이지요. 그러므로 우리는 선을 행하되 낙심치 말고 믿음으로 행군해야 합니다. 룻과 같은 정한 마음으로 하나님을 붙좇는다면 어찌 응답받지 못하겠습니까? 끝까지 믿음으로 행군하여 간구와 기도에 응답받으며 하나님의 큰 사랑을 받으시기 바랍니다.

이제 고부갈등은 말끔히 사라졌어요

임형연 집사
(여, 광주)

젊은 시절, 저는 교회에 다니겠다는 다짐을 받은 후 남편과 결혼했습니다. 그러나 남편은 교회와는 거리가 먼 데다가 시어머니는 무당굿을 하거나 점을 자주 보셨습니다. 이런 집안이다 보니 저조차도 교회를 다닐 수 없게 됐습니다. 하나님을 멀리한 것이 늘 마음에 걸려 편할 날이 없었지요. 견디다 못해 남편에게 분가하자고 말했더니 허락해 주었습니다. 분가했음에도 불구하고 심신이 지쳐 힘겨운 나날을 보내던 중 1996년 4월, 여동생(임금선 전도사)에게 연락이 왔습니다.

"언니! 교회에 나가야 해. 그래야 모든 게 해결돼. 얼마 안 있으면 우리 교회에서 2주연속 특별 부흥성회가 열릴 거야. 꼭 참석했으면 좋겠어."

저는 광주만민교회 담임 박형렬 목사님의 심방을 받은 뒤, 상경해 부흥성회에 참석했습니다. 만민중앙교회 본당에 들어서는 순간, 천국에 와 있는 느낌이었고 당회장 이재록 목사님께서 선포하시는 생명의 말씀을 들으면서 정말 행복하고 기뻤습니다. 부흥성회에서 큰 은혜를 받은 저는 광주만민교회에서 본격적인 신앙생활을 시작하였습니다. 차츰 신앙이 무르익어 가면서 저는 남편과 시어머니를 전도했습니다.

"어머니! 저와 함께 교회에 나가세요."

"내 눈에 흙이 들어가기 전엔 절대로 교회에 안 간다! 보따리 싸 가지고 나가거라. 친정에 가서 더 배워 오너라."

제가 교회에 열심을 내자 시어머니는 매우 못마땅해하셨지요. 설상가상으로 전선 도매업을 하던 남편이 1999년 IMF 금융 위기를 맞아 두 차례나 부도를 맞았습니다. 시어머니는 며느리가 잘못 들어와서 집안이 망하게 되었다며 이혼을 종용하고 사사건건 트집을 잡으셨습니다.

그러나 저는 하나님을 부인하는 시어머니의 영혼이 불쌍했습니다. 천국과 지옥이 있음을 알기에 어떻게든 가정복음화를 이루어야겠다는 일념뿐이었습니다. 핍박이 오면 올수록 3일 금식, 7일 금식을 하며 기도하기를 쉬지 않았습니다. 또한 교구 조장, 기관장, 성가대, 율동단 등 사명을 열심히 감당하며 최선을 다했지요.

시어머니가 야단치시면 "예, 잘할게요." 하며 이의를 달지 않았습니다. 때를 따라 찾아뵙거나 안부전화를 드렸습니다. 또 어머니가 좋아하는 음식을 사드리고, 김치도 담가 드리는 등 선행과 도리를 다했습니다. 무엇보다도 시어머니와 남편 구원을 위해 매월 이재록 목사님께 기도받는 것도 잊지 않았습니다.

얼마 후, 시어머니가 마음 문을 열기 시작했습니다. 당신을 사랑으로 섬기는 며느리라는 것을 인정하신 뒤부터는 집안에 일이 있을 때면 자녀들보다 저를 더 찾았고 결국 핍박이 사라졌습니다. 하지만 교회에는 나오지 않으셨지요.

그런데 2010년 설 연휴 주간이었습니다. 저는 이재록 목사님께 축복기도를 받고 싶었지만 명절이라 시댁에 가야 하는 상황이었습니다. 그래서 담임 박형렬 목사님 편에 기도제목과 예물을 보낼까 생각하고 서울에 있는 동생과 통화했지요. 동생 임금선 전도사는 축복기도를 직접 와서 받았으면 좋겠다는 것입니다. 다행히 남편이 다녀오라고 해서 설레는 마음으로 광주만민교회 성도들과 함께 2월 12일 금요일 서울에 올라갔습니다.

그날 낮, 이재록 목사님의 말씀 중에 '이번에 하나님께서 사람의 마음도 움직이시는 축복을 주신다' 는 말씀이 마음에 확 와 닿았습니다. 시어머니와 시댁 식구들, 남편의 구원이 제 기도제목이었기 때문입니다. 기도를 받고 행복한 마음으로 광주로 내려왔습니다.

다음 날, 하나님의 기적이 일어났습니다. 남편과 함께 시댁에 도착해 보니 이미 시어머니는 명절 차례 상을 준비할 음식을 구입하신 상태였습니다. 남편과 저는 차례 상을 차려 봤자 먹을 사람이 없으니 차리지 말자고 설득했습니다.

"어머니! 제사 지내지 말고 저희 집에 가서 함께 식사하시면 어떨까요?"

"그럼, 그렇게 하자. 앞으로 제사를 지내지 않으마."

너무나 자연스럽게 말씀하시는 것이었습니다.

"네? 그러면 어머니! 내일부터 교회 같이 가실래요?"

"너희 교회에 가도 되냐? 내일이 설인데 내일도 가냐?"

다음 날인 2월 14일 주일, 시어머니는 물론 교회에 출석하지 않던 남편까지 광주만민교회에 나가 예배를 드렸습니다. 드디어 시어머니가 교회에 등록하셨습니다. 그날 무지개까지 보여 주셔서 너무나 행복했지요. 시어머니는 다음 주일인 2월 21일에도 예배를 드리셨는데, 마음이 시원하다고 좋아하셨습니다. 하나님께서는 사람의 마음까지도 움직여 갖가지 문제들을 해결해 주시고 가정복음화도 이루어 주신다는 말씀이 그대로 이루어진 것입니다. 그동안 저의 오랜 소원이던 가정복음화를 이뤄 주신 하나님께 감사드립니다.

Chapter 13

순 전

보라 나의 택한 종 곧 내 마음에 기뻐하는
바 나의 사랑하는 자로다 내가 내 성령을
줄 터이니 그가 심판을 이방에 알게 하리라
그가 다투지도 아니하며 들레지도 아니하리
니 아무도 길에서 그 소리를 듣지 못하리라
상한 갈대를 꺾지 아니하며 꺼져가는 심지
를 끄지 아니하기를 심판하여 이길 때까지
하리니 또한 이방들이 그 이름을 바라리라
함을 이루려 하심이니라 **마태복음 12:18~21**

살면서 겪는 어려움은 대개 자기 마음을 지키지 못하기 때문에 생깁니다. 마음이 온전치 못하므로 서로 속고 속이며, 이런저런 근심거리를 만나게 되는 것입니다. 그런데 우리가 순전한 사람이 되면 하늘로부터 지혜를 받고 명철의 길이 보여 모든 일에 형통한 축복을 누릴 수 있습니다.

순전의 의미와 순전한 사람

'순전'이란 사전에 '순수하고 완전함'이라 기록되어 있는데 '순전한 사람'이란 일반적으로 '덕행이 있는 사람'을 가리킵니다. 순전한 사람은 말이나 행동, 생각하는 모든 것에 덕이 있습니다. 그래서 설령 해로운 일을 만나도 악으로 갚지 않고 선으로 생각하며 모든 면에서 자숙합니다.

이렇게 순전한 사람들은 악한 행동은 물론 악한 생각조차 하지 않습니다. 오늘날은 죄악이 관영한 세상에서 살기 때문에 덕 있는 사람을 찾기가 쉽지 않습니다. 하나님께서 본래 사람에게 주신 것은 거룩함과 진실함, 아름다움과 깨끗함, 단정함, 화평함, 덕스러움인데 이런 모습을 잃어버린 채 사는 것입니다.

성경상의 순전한 사람으로는 욥을 들 수 있습니다. 욥은 하나님의 축복을 받아 많은 것을 소유한 사람이었습니다. 그런데 어느 날 재난으로 모든 재산과 자녀를 잃어버립니다. 욥은 이러한 때에도 하나님을 원망하지 않고 순전한 마음으로 하나님께 경배하였습니다. "내가 모태에서 적신이 나왔사온즉 또한 적신이 그리로 돌아가올지라 주신 자도 여호와시요 취하신 자도 여호와시오니 여호와의 이름이 찬송을 받으실지니이다"(욥 1:21)라고 고백했지요.

그런 욥이었기에 하나님께서도 그를 인정하여 "그와 같이 순전하고 정직하여 하나님을 경외하며 악에서 떠난 자가 세상에 없느니라"(욥 2:3) 말씀하십니다. 욥이 아직 중심의 악까지 버린 것은 아니었지만 당시는 성령이 오시기 전인 구약 시대로 그의 행함이 완전했고 또 고아와 과부를 돌아보는 등 선행이 있었기 때문에 순전하다 인정받은 것입니다.

그러나 하나님께서 진정 우리에게 원하시는 순전함의 수준은 그 정도가 아닙니다. 완전하기를 원하십니다. 행함으로만이 아니라 마음 중심의 악을 버리는 것은 물론, 마음에 영의 열매가 가득할 때 비로소 완전하다 하십니다. 하나님께서는 우리가 이처럼 순수함과 완전함을 모두 갖춘 순전함을 이루기 원하십니다. 엘리야, 에녹, 아브라함, 모세와 같은 믿음의 선진들이 순전함을 두루 갖춘 분들이지요. 그런데 이보다 더 순전하신 분은 예수님이십니다.

순전한 사람이 되려면 예수님을 닮아야

예수님의 순전함을 가장 함축적으로 표현한 구절이 바로 마태복음 12장 18~21절입니다.

"보라 나의 택한 종 곧 내 마음에 기뻐하는바 나의 사랑하는 자로다 내가 내 성령을 줄 터이니 그가 심판을 이방에 알게 하리라 그가 다투지도 아니하며 들레지도 아니하리니 아무도 길에서 그 소리를 듣지 못하리라 상한 갈대를 꺾지 아니하며 꺼져 가는 심지를 끄지 아니하기를 심판하여 이길 때까지 하리니 또한 이방들이 그 이름을 바라리라 함을 이루려 하심이니라"

이러한 예수님의 모습을 통해 어떻게 해야 순전한 사람이 될 수 있는지 살펴보겠습니다.

상한 갈대를 꺾지 않는 마음이 되어야 합니다.

사람들은 보통 식물의 이파리가 상하면 아름답지 못하고 주변 경관을 해치기 때문에 잘라 내거나 가지 자체를 쳐버립니다. 이는 사람과의 관계 속에서도 마찬가지 형태로 나타납니다. 자기 마음을 상하게 하거나 좋지 않은 일을 자주 일으키는 사람을 외면하거나 꺾어 버리려 하지요.

부부간이나 부모 자녀 간 또는 이웃 사이나 직장 동료 간, 교회 안에서도 자기 생각에 맞지 않으면 무시하고 꺾어 버리며 외면해 버리는 사람이 있습니다. 그로 인해 다툼이 일어나고 분리되며 원수를 맺고 각박해집니다. 하나님의 자녀 된 우리는 어찌해야 할까요? 자기 유익을 구하지 않고 상대의 유익을 좇으며 상한 갈대도 꺾지 말아야 합니다.

상한 갈대란 영적으로 세상의 죄와 악으로 가득 찬 사람을 말합니다. 예수님 당시 선을 행하시는 예수님께 오히려 악으로 나온 사람들이 상한 갈대에 해당합니다. 예수님은 그러한 사람도 버리지 않고 인내하며 진리로 깨우쳐 주셨습니다. 또한 병들고 불쌍한 영혼들도 버리지 않고 끝까지 사랑하셨습니다.

마찬가지로 우리가 하나님을 사랑한다면 이러한 예수님의 마음을 닮아 부족하고 병들고 연약하여 자기에게 유익하지 않은 사람이라 해도 사랑하며 돌아보아야 합니다. 설령 내게 불이익을 주는 사람이라도 선한 마음으로 대하며 진리를 좇아 섬기는 아름다운 마음을 가져야 합니다.

꺼져가는 심지를 끄지 말아야 합니다.

꺼져가는 심지란 마음이 악으로 심히 물들어 영혼의 등불이 꺼져가고 있는 사람입니다. 예수님께서는 그런 사람도 포기하지 않고 끝까지 인내하며 살려 내고자 하셨습니다. 우리도 부모, 자녀, 형제, 이웃이나 동료 가운데 심히 악으로 물들어 포기할 수밖에 없는 사람이라 해도 끝까지 사랑으로 인도해야 합니다.

심지는 양초나 등잔, 석유 난로에 실이나 헝겊을 꽂아 불을 붙이는 부분이지요. 심지가 꺼져간다면 불이 곧 꺼진다는 신호이지만 아직 불씨는 남은 상태입니다. 잠언 13장 9절에 "의인의 빛은 환하게 빛나고 악인의 등불은 꺼지느니라" 한 대로 영혼의 생명을 등불에 비유했습니다. 그래서 꺼져가는 심지를 끄지 않는다는 것은 악한 사람이라도 예수님을 구세주로 영접할 수 있는 양심이 조금이라도 있다면 끝까지 포기하지 않는다는 뜻입니다.

즉 죄를 범하고 회개의 영이 오지 않아 성령이 소멸되어 가는 경우라도 하나님께서는 끝까지 포기하지 않고 기회를 주시는 것이지요. 물론 기회를 주셔도 그 기회를 잡지 않고 회개치 않으면 결국 꺼져 버리겠지만 그래도 하나님께서는 끝까지 "너는 안 되니 포기하겠다.” 하시지 않습니다.

꺼져가는 심지를 끄지 않는 마음은 바로 성령의 아홉 가지 열매 중에 오래 참음과 양선의 열매와 같습니다. 영적인 사랑을 가지고 믿음으로 바라보며 끝까지 참아주고 이끌어 가는 것입니다. 예수님은 가룟 유다가 자신을 팔 것을 아시면서도 멀리하지 않고 끝까지 함께하며 사랑하셨습니다. 아무와도 걸리거나 다투지 않으시고 원망과 시비가 없이 모든 일을 화평 속에서 이루어 가셨지요.

그런데 신앙 안에서도 상한 갈대와 같고 꺼져가는 심지와 같은 사람들이 있습니다. 믿음이 연약하여 시험 환난에 넘어져 혼자서는 다시 교회에 나올 영적인 힘이 없는 사람들입니다. 아직 버리지 못한 악으로 주변 사람을 어렵게 했다가 민망하고 부끄러워 교회에 나오지 못하는 사람도 이에 해당합니다. 이러한 영혼이라도 먼저 손을 잡아 줄 수 있어야 합니다.

먼저 신앙생활을 시작했지만 뒤처지는 사람 중에는 인정을 받지 못하므로 더 악을 발하기도 하고 앞서 가는 사람을 시기하여 험담하기도 합니다. 바로 꺼져가는 심지가 나쁜 냄새나 그을음을 내는 것과 같습니다. 이럴 경우 상한 갈대도 꺾지 않고 꺼져가는 심지도 끄지 않는 주님의 마음을 닮은 사람이라면 그 마음을 헤아려 품어 줍니다. 그러지 않고 ‘저렇게 악하니 당연히 뒤처질 수밖에 없지.’ 생각하면서 판단하고 품지 않는다면 꺼져가는 심지를 불어 꺼버리는 것과 같습니다. 그러나 끝까지 포기하지 않고 그들을 위해 기도하며 사랑으로 선대함으로써 그들의 마음까지 녹이고 감동을 주는 것이 순전한 마음입니다.

다투지 않고 들레지 않아야 합니다.

주변에는 같이 있으면 행복하고 즐거운 사람이 있는 반면 불편하게 만들고 힘들게 하는 사람도 있습니다. 이는 예수님 당시에도 마찬가지였습니다. 예수님께서 다투지 않으셨다는 것은 모든 상황이 편하고 행복했기 때문이 아닙니다. 생각에 맞지 않고 도무지 용납할 수 없는 일을 만나도 다투지 않으시고 선의 지혜와 진리의 말씀으로 대하며 모든 것을 수용하신 것입니다.

예수님을 시기하는 사람들은 여러 일로 모함하고 다투며 각종 악을 동원하여 다가오곤 했습니다. 그러나 예수님께서는 그들과 맞서거나 다투고 변론하시는 일이 없었습니다. 선한 마음으로 그들을 일깨우고 피해야 할 자리는 피하면서 화평 가운데 일을 이루어 가셨습니다.

예수님이 고향 나사렛의 회당에서 가르치실 때입니다. 말씀을 듣던 이들이 영적 의미를 깨닫지 못하고 그 말씀을 기이히 여기자 예수님께서 다시 깨우침을 주셨습니다(눅 4장). 그러나 끝내 그들은 예수님을 목수의 아들로만 생각했기에 도리어 분을 내며 예수님을 낭떠러지로 끌고가 밀쳐내고자 하였습니다. 이때 예수님은 그들과 다투지 않고 조용히 피하셨습니다.

또 하루는 예수님 일행이 예루살렘으로 올라가는 길에 사마리아의 한 촌에 들어가려고 했는데 저희가 받아들이려 하지 않았습니다(눅 9장). 화가 난 제자 야고보와 요한이 "주여 우리가 불을 명하여 하늘로 좇아 내려 저희를 멸하라 하기를 원하시나이까" 하자 예수님은 오히려 제자들을 꾸짖으셨습니다. 그리고 조용히 다른 촌으로 가셨지요.

사람이 모이는 곳에는 자기 생각과 마음에 맞지 않는다 하여 큰 소리가 나고 서로 상처를 주는 일이 허다합니다. 우리는 이러한 모습에서 돌이켜야 합니다. 가령 상대가 나에게 마음의 상처를 주었다 해도 맞상대하지 말고, 오히려 용서하고 사랑하며 선을 베푸는 마음을 지녀야 합니다. 그럴 때에 세상의 빛이 되어 하나님께 영광 돌리며 주변 사람들을 변화시킬 수 있습니다.

예수님은 들레지 않으시고 모든 행함이 참으로 거룩하고 깨끗하셨습니다. 들렘은 자신을 드러내고 자랑하기 원하는 마음에서 나옵니다. 다른 사람들이 자기를 알아주기 원하고 그만한 대접을 받기 원하는 것입니다. 예수님께서 행하신 기사와 표적은 사람으로서는 할 수 없는 일이니 인간적으로 생각한다면 얼마나 자랑스럽겠습니까.

그러나 예수님께서는 그런 것을 내세우지 않고 오직 하나님께 영광 돌리셨습니다. 우리도 자신이 한 일을 누가 알아주기 원하며 들레고 싶어 하는 것이 아니라 오직 하나님께 영광 돌리는 사람이 되어야 합니다. 그러면 모든 것을 아시는 하나님께서 하나님의 뜻 가운데 드러나도록 역사하십니다.

순전한 사람이 받는 축복

믿음의 조상 아브라함도 순전한 사람이었습니다. 그는 아무에게도 해를 끼치지 않았고 양보하고 섬기며 모든 것을 선으로 행했습니다. 아브라함과 조카 롯의 소유가 많아져 그들의 목자 사이에 다툼이 생기자, 아브라함은 롯에게 좋은 땅을 선택할 수 있도록 양보합니다. 자기 유익을 좇아 더 좋은 쪽을 택한 롯에게 서운한 감정을 품지도 않았습니다. 오히려 롯이 포로로 잡혀가자 위험을 무릅쓰고 가서 구해 주었습니다. 또 아내 사라와 첩 하갈 사이의 문제도 항상 선으로 해결하며 정도를 좇았습니다.

아브라함은 다투거나 들레는 일 없이 모든 것을 양보하며 살았지만 손해보기는커녕 오히려 큰 축복을 받았습니다. 순전한 마음으로 행하니 하나님께서 기뻐하시고 가는 곳마다 복을 받게 하신 것입니다. 그래서 믿음의 조상이 되었고 복의 근원으로서 사람이 받을 수 있는 모든 복을 누렸으며 하나님의 벗이라는 영광스러운 칭호를 얻었습니다.

하나님께서는 우리가 순전한 사람이 되기 원하십니다. 예수님처럼 상한 갈대를 꺾지 않고 꺼져가는 심지를 끄지 않으며 다투거나 들레는 일도 없이 화평하고 평안하게 살기를 원하시는 것입니다. 하나님께서는 이렇게 순전한 마음을 가지고 행하는 사람에게 상을 베푸시고 모든 일에 합력하여 선을 이루십니다.

그러므로 어느 정도 선을 행하다가 멈추는 것이 아니라 변함없이 순전한 마음으로 행해야 합니다. 신랑 되시는 주님께서 순전하시니 우리도 신부단장을 잘하여 순전한 사람이 되어야 합니다. 이 땅의 삶을 마치고 주님 품에 안길 때까지 주어진 모든 환경과 조건 속에서 순전한 삶을 영위하시기 바랍니다.

Chapter 14

순종의 축복

사무엘이 가로되 여호와께서 번제와 다른 제사를 그 목소리 순종하는 것을 좋아하심같이 좋아하시겠나이까 순종이 제사보다 낫고 듣는 것이 숫양의 기름보다 나으니 이는 거역하는 것은 사술의 죄와 같고 … 왕이 여호와의 말씀을 버렸으므로 여호와께서도 왕을 버려 왕이 되지 못하게 하셨나이다 **사무엘상 15:22~23**

어떤 조직과 단체에서 인정받고 사랑받는 사람이 되려면 그 안의 질서와 규칙을 잘 지키고 순종해야 합니다. 마찬가지로 우리가 하나님의 사랑과 축복을 받으려면 그 말씀에 순종하는 것이 매우 중요합니다. 순종의 사전적 의미는 순순히 따르는 것을 말하는데 순종에는 여러 유형이 있습니다.

억지로 순종하는 경우, 자신의 마음과 생각에 맞지 않는 것은 순종하지 않고 할 수 있는 것만 순종하는 경우, 무조건 순종하는 경우, 마음으로 깨달아 순종하되 도저히 순종할 수 없는 것에도 온전히 순종하는 경우입니다. 하나님께서 원하시는 순종은 바로 순종할 수 없는 것에도 순종하는 것입니다.

하나님께서 원하시는 순종

사람들은 대개 누가 자기의 지식이나 경험에 비추어 맞지 않은 일을 시키면 잘 하려 하지 않습니다. 그러나 신앙 안에서는 할 수 없는 것에도 순종할 때 그것을 진정한 순종이라고 말합니다. 하나님께서는 순종할 수 없는 것을 순종했을 때 의로 여기고 축복을 주시며, 기사와 표적이 따르도록 역사하십니다.

모세가 하나님 말씀에 순종하여 믿음으로 홍해를 향해 지팡이를 내밀었을 때 어떤 일이 일어났습니까? 바다가 갈라졌습니다. 바다가 갈라진다는 것은 우리의 상식으로는 도무지 이해되지 않는 일입니다. 그러나 모세는 믿음으로 하나님 말씀에 순종했기 때문에 놀라운 일을 체험할 수 있었습니다. 만일 바다가 갈라지지 않으면 뒤쫓아오는 애굽 군대에게 죽임을 당하거나 성난 백성에게 맞아 죽을 수도 있는 상황이었습니다.

그러나 그는 하나님을 믿기 때문에 도무지 자신의 생각과 맞지 않는 일에도 아무런 의심없이 순종했고, 하나님께서는 홍해를 갈라 이스라엘 백성이 마른 땅으로 건너게 하셨습니다. 이처럼 언뜻

보기에는 도저히 불가능한 상황인데도 믿음으로 순종하면 하나님의 놀라운 역사가 나타납니다.

이러한 순종의 결과를 통해 우리의 믿음이 성장하고 더욱 담대한 믿음을 가질 수 있습니다. 사실 순종할 수 없는 일이라는 것도 우리의 관점이지 하나님 편에서는 순종할 수 없는 것이 아닙니다. 그런데도 순종하지 못하는 것은 자신의 경험과 지식, 이론에 기준을 두고 그 한계를 넘지 못하기 때문입니다. 그래서 일반적으로 사람이 할 수 없는 일은 자신도 할 수 없다고 믿는 것입니다.

그러나 "할 수 있거든이 무슨 말이냐 믿는 자에게는 능치 못할 일이 없느니라"(막 9:23) 하신 대로 하나님 편에서는 한계가 없습니다. 따라서 순종하지 못하는 것은 하나님을 믿는 믿음이 작음을 의미합니다. 생각 속에서 한계를 깨뜨리면 능히 순종할 수 있습니다.

순종의 사람 아브라함

아브라함은 하나님을 믿었기 때문에 무엇이든 순종하였습니다. 하나님께서 아브라함에게 본토 친척 아비 집을 떠나라 명하시면서 순종하면 어떠한 축복을 받을 것인지 말씀하셨습니다(창 12:1~3). 그때 아브라함은 어떻게 했을까요?

히브리서 11장 8절에 "믿음으로 아브라함은 부르심을 받았을 때에 순종하여 장래 기업으로 받을 땅에 나갈새 갈 바를 알지 못하고 나갔으며" 한 대로 아브라함은 갈 바를 알지 못했으나 그대로 순종했습니다. 고대 씨족 사회에서 고향을 떠나 낯선 땅으로 떠난다는 것은 생명을 걸 만큼 위험한 일이었습니다. 그런데도 아브라함은 믿음으로 하나님 말씀에 순종했습니다.

그 후 하나님께서는 또다시 아브라함에게 엄청난 순종을 요구하십니다. 그가 백세에 낳아 애지중지 키운 외아들 이삭을 짐승처럼 잡아 각을 떠서 불로 태워 번제를 드리라는 것입니다(창 22:1~2). 이때에도 아브라함은 곧바로 순종했습니다. 창세기 22장 3절을 보면 "아브라함이 아침에 일찍 일어나 나귀에 안장을 지우고 두 사환과 그 아들 이삭을 데리고 번제에 쓸 나무를 쪼개어 가지고 떠나 하나님께서 자기에게 지시하는 곳으로 갔다"고 했습니다.

사실 사람의 생각을 동원하면 도무지 순종할 수 없는 일입니다. 더구나 이삭은 하나님께서 주신 약속의 씨입니다(창 21:12). 그런데 이삭을 죽여 번제로 바친다면 그 약속은 어떻게 되는 것입니까? 그렇지 않다 해도 백세에 얻은 자녀를 번제로 바친다는 것은 부모 입장에서는 상상할 수도 없는 일일 것입니다.

그러나 아브라함은 아무런 이유를 대지 않고 순종했습니다. 하나님은 반드시 약속을 지키시며 죽은 자라도 능히 살리실 수 있음을 믿었기 때문입니다(히 11:17~19). 하나님께서 선하지 않은 일을 지시할 리가 없음을 온전히 믿었기에 생각을 동원하거나 염려하지 않았고 기쁨으로 순종했습니다. 그가 칼을 들어 이삭을 잡으려는 순간, 하나님의 사자가 아브라함을 부르며 멈추게 하십니다. 그의 믿음과 순종을 확인하였으니 수풀에 걸린 수양을 보이며 제사를 드리게 하십니다.

이렇게 아브라함이 독자 이삭을 드리기까지 믿음으로 순종하니 하나님께서 큰 축복을 주셨습니다. 창세기 22장 16~18절에 "네가 이같이 행하여 네 아들 네 독자를 아끼지 아니하였은즉 내가 네게 큰 복을 주고 네 씨로 크게 성하여 하늘의 별과 같고 바닷가의 모래와 같게 하리니 네 씨가 그 대적의 문을 얻으리라 또 네 씨로 말미암아 천하 만민이 복을 얻으리니 이는 네가 나의 말을 준행하였음이니라" 하신 것입니다.

순종의 축복과 불순종의 고통

아브라함은 이처럼 오직 믿음으로 모든 일에 순종했기 때문에 그가 받은 축복은 참으로 컸습니다. 권세로는 왕들이 그를 영접할 정도였습니다. 애굽 왕 바로가 그러했고 그랄 왕 아비멜렉도 마찬가지였습니다. 육축과 은금이 풍부하였고 물이 귀한 팔레스타인 땅에서도 그에게는 항상 물이 있었으며, 자녀의 복과 건강, 장수의 복을 받았습니다.

게다가 믿음의 조상이요, 하나님의 벗이 되었으며 복의 근원이 되는 실로 엄청난 축복까지 받은 것입니다. 그 외에도 하나님께서 앞으로 하실 일을 자상하게 설명해 주실 정도로 영적인 축복까지 받았습니다. 이스라엘 자손이 애굽에서 400년간 종살이할 것을 미리 말씀해 주셨지요. 창세기 18장 17절을 보면 "여호와께서 가라사대 나의 하려는 것을 아브라함에게 숨기겠느냐" 말씀합니다. 하나님께서 순종하는 사람을 얼마나 기뻐하며 축복하시는지 잘 알 수 있습니다.

그렇다면 우리의 모습은 어떨까요? 예를 들어, 하나님께서는 성경 곳곳에 항상 기도해야 함을 말씀하셨는데 신앙생활을 시작한 지 수년이 되었어도 습관을 좇아 기도하지 않는 분들이 있습니다. 바쁘다는 등 이런 저런 이유로 하나님 말씀에 순종하지 못하는 것입니다. 아무리 어려운 상황이라도 일단 순종한다면 그다음은 하나님께서 상황을 바꿔 주십니다. 말씀에 순종하여 기도하는 것을 우선으로 할 때 많은 시간을 들여 해야 할 일도 하나님께서 짧은 시간에 형통하게 해결해 주십니다.

기도뿐 아니라 다른 분야도 마찬가지입니다. 하나님 말씀에 순종하지 않고 '나는 왜 복을 받지 못할까?' 해서는 안 됩니다. 하나님 말씀이 내 생각에 맞든, 맞지 않든 순종하면 축복입니다. 순종할 때 하나님께서 왜 순종하라 하셨는지 그 마음과 뜻을 깨닫게 되고 나아가 사람의 생각으로는 도저히 순종할 수 없는 일에도 순종하는 믿음의 사람이 될 수 있습니다.

반대로 하나님께서 불순종을 얼마나 싫어하며, 그것이 우리에게 얼마나 고통을 가져다주는지 알아야 합니다.

이스라엘 초대 왕 사울은 블레셋과 전쟁을 해야 하는데 사무엘 선지자가 정해진 기한까지 오지 않자 하나님이 정해 주신 규례를 어기고 자기가 직접 번제를 드렸습니다. 뒤늦게 도착한 사무엘은 사울에게 "왕이 망령되이 행하였도다 … 지금은 왕의 나라가 길지 못할 것이라 여호와께서 왕에게 명하신 바를 왕이 지키지 아니하였으므로 여호와께서 그 마음에 맞는 사람을 구하여 그 백성의 지도자를 삼으셨느니라"(삼상 13:13~14) 책망하였습니다.

이때라도 깨닫고 돌이켰으면 좋으련만 사울은 다시 불순종의 죄를 범합니다. 하나님께서는 아말렉을 쳐서 그들과 그들의 모든 소유를 남기지 말고 진멸하라 명하셨습니다. 그런데 막상 가서 좋은 가축들을 보니 죽이기가 아까운 생각이 듭니다. 하나님께서 "죽이라" 하셨으니 일단 좋지 않은 가축만 다 죽였고, 좋은 가축은 살려서 잡아갑니다.

이러한 모습에 대해 사무엘 선지자가 책망하자, 사울은 순종해서 다 죽였고 제사 드리기에 좋은 가축만 하나님을 위해서 가져온 것이라 말합니다. 심지어 백성이 원해서 그렇게 한 것이라 핑계를 댔지요(삼상 15:21). 물론 백성들 중에서 그런 말을 하는 사람이 있을 수도 있습니다. 그러나 사울이 하나님께 순종할 마음이라면 사람의 말에 귀 기울이지 않았을 것입니다. 결국 사울은 돌이킬 기회를 주셨는데도 회개하지 않고 계속 불순종한 결과 하나님께서 외면하시니 악신이 들려 고통받기도 했고 끝내는 전쟁 중에 비참한 최후를 맞았습니다.

자기 이론과 생각을 깨뜨릴 때 순종할 수 있어

사람들은 간혹 하나님 말씀에 순종하는 것이 어렵다고 말합니다. 그러나 결코 힘들지 않습니다. 가령 부모는 아이가 집에 일찍 들어오기 원합니다. 아이가 그 말에 순종하면 부모에게 기쁨이 되고 사랑을 받을 수 있지만 그러지 않으면 부모에게 근심을 안겨줍니다. 이러한 사실을 알고 부모의 마음을 헤아린다면 순종하는 것이 쉬운 일이며 이는 하나님께 대해서도 마찬가지입니다.

사람들이 교회와 가정, 직장 등 여러 분야에서 하나님 말씀에 순종하지 못하는 이유는 자기 생각과 마음, 계산에 따라 행하기 때문입니다. 이처럼 조건을 따지는 사람은 '이것은 가능하니까, 저것은 불가능하니까' 하면서 이유와 핑계를 댑니다. 그러면서 자신에게 유익이 되면 순종하고 유익이 되지 않으면 순종하지 않지요.

마태복음 19장에 보면 부자 청년이 나옵니다. 그가 예수님께 "내가 무슨 선한 일을 하여야 영생을 얻으리이까" 질문했을 때 그는 자신이 원하던 답을 듣지 못했습니다. 예수님께서 "네 소유를 팔아 가난한 자들을 주라 그리하면 하늘에서 보화가 네게 있으리라 그리고 와서 나를 좇으라" 하시자 고민하다가 결국 순종하지 못했지요. 그가 비록 좋은 마음으로 예수님 앞에 나왔다 해도 그는 처음부터 자기가 할 수 있는 한계선까지만 순종할 마음이었습니다. 그러니 그 한계선을 넘는 상황에서는 결국 자기 유익을 좇아가고 말지요.

그러나 오직 순종할 자세를 가진 사람은 자기에게 해가 되는지 이익이 되는지, 지금 상황이 어떠한지 등을 생각하지 않습니다. 어떻게든 하나님 말씀에 순종하려는 마음뿐입니다. 따라서 고린도후서 10장 5절에 "모든 이론을 파하며 하나님 아는 것을 대적하여 높아진 것을 다 파하고 모든 생각을 사로잡아 그리스도에게 복종케 하니" 말씀합니다. 이렇게 진리가 아닌 이론과 생각을 깨뜨리고 오직 하나님 말씀에 순종할 때 놀라운 하나님의 역사를 체험할 수 있습니다. 모든 이론과 생각을 깨뜨리고 하나님 말씀에 순종하여 하나님을 기쁘시게 하며 축복받아 영광 돌리시기 바랍니다.

정도 경영으로 축복을 받기까지

노경태 집사
(남, 서울)

용산 전자상가에서 컴퓨터 판매업을 시작한 저는 삼성, 현대 등 국내 굴지의 대기업체 협력회사로 인정받으며 승승장구하였습니다. 1992년, 아내의 전도로 만민중앙교회에 다니게 되었는데 이재록 목사님의 생명력 있는 말씀과 기사와 표적을 보면서 믿음이 성장하였습니다.

1997년 당시 국가적으로는 IMF 위기 속에 있었지만 저는 계속 사업을 확장해 갔습니다. 마침 벤처 열풍이 불었고 주위에서 도와주겠다는 사람도 있어 10억을 투자하여 쇼핑몰, PC방, 인터넷 방송 등을 개업하는 등 무리하게 여러 사업을 벌였습니다.

코스닥(KOSDAQ : 증권거래소에서 운영하는 장외 주식거래 시장으로 주로 중소 벤처기업의 자금 조달을 위해 마련한 주식시장) 상장을 하면 더 큰 이윤을 남길 수 있다는 판단으로 주주들을 모으기 위해 20억 규모의 회사를 설립했지요. 그러나 지출만 늘고 자금 회전이 되지 않아 급기야 2000년 12월에 부도를 내고 말았습니다. 집은 경매로 넘어갔으며 날마다 채권자들의 빚 독촉이 계속되었습니다. 어린 딸과 만삭이 된 아내와 함께 지하방, 옥탑방을 전전하였지요. 2001년 1월 둘째 아이가 태어났을 때는 분유값이 없어 눈물을 삼켜야 했습니다.
당시 저는 교회 인터넷 방송을 위해 웹서버를 헌물하기도 하고, 나름대로 열심히 신앙생활 했다고 자부하고 있었지만 이를 통해 자신을 발견하게 되었습니다. 그동안 내가 옳다고 하는 의, 사회적 성취에 대한 자랑, 돈에 대한 욕심, 무절제한 신용카드 사용 등 말씀에 불순종한 일들이 떠올랐습니다. 아내에게 잔소리하며 힘들게 했던 일, 그동안 교회에서는 일꾼이라는 명분 속에 섬김받으려 했던 마음과 화평치 못했던 일들이 주마등처럼 스쳐지나갔습니다.

"하나님! 용서해 주세요. 제가 어리석었습니다."
마음 중심에서 회개하고 나니 하수구 맨홀 청소, 정화조 청소 등 궂은일을 할 때에도 마음은 평안했습니다. 하나님 말씀대로 수입에서 십일조부터 떼고 남은 돈으로 분유와 쌀을 사서 생활하면서도 감사함으로 살았지요. 2003년, 무엇이나 할 수 있다는 믿음이 오면서 부동산 분양 대행업을 했습니다.
부채가 많이 남아 있었지만 수입이 생기면 무조건 십일조와 감사헌금, 선교헌금을 했습니다. 차츰 현장마다 순조롭게 분양이 되어 수입이 늘면서 부채를 갚아나갔습니다. 사업은 안정이 되었지만 좀 더 비전이 있는 일을 찾던 중, 법인체인 신한생명 보험 대리점을 인수하였습니다.

2005년 7월, 서울중앙인슈(주)를 설립하였는데 저는 당시만 해도 보험에 대해서는 전혀 문외한이었습니다. 당회장 이재록 목사님은 "정도 경영과 욕심 부리지 말고 넘친 만큼만 확장하라."고 말씀하시면서 직원들이 한마음이 되어 최고가 될 수 있도록 기도해 주셨는데 그 말씀대로 행하고자 노력했습니다.

하나님을 믿지 않는 직원들이 계획적으로 큰 손해를 입히고 퇴사했어도 법적으로 대응하지 않았습니다. 개업한 지 얼마 되지 않아 일정한 수입이 없을 때에도 교회에 선교와 구제 헌금 등 믿음으로 심고자 노력했습니다. 이렇게 믿음으로 계속 심으며 비록 손해를 보더라도 선과 화평을 좇으니 하나님께서는 마음이 선한 직원들을 보내주셨고, 생각지 못한 곳에서 계약이 성사되었습니다.

제가 신한생명에 와서 워크숍제도, 교재 등 교육시스템을 만들어 발전에 기여한 면도 있고, 본사에 긴밀히 협조하여 신뢰를 얻었습니다. 본사의 협력과 신뢰 속에 최고의 매출을 올린 대리점이 되니 벤치마킹하러 방문하는 업체들이 늘고 있습니다. 그러나 벤치마킹하러 온 사람들에게 나름대로 방법을 가르쳐 주고자 해도 직원들이 신앙 안에서 신뢰하며 나가는 것을 전수해 주기는 어렵다는 것을 느낍니다.

17명으로 시작한 회사가 이제는 150명이 넘는 대가족이 되었으며 마산과 광주, 대전에 지점을 열 수 있게 되었습니다. 보험환산 모집 금액도 2005년 7월, 인수받을 때 월 매출 600만 원이었지만 이제는 월 2억 4천만 원

이상으로 성장했습니다. 신한생명 전국 법인 부문에서 1등을 할 수 있도록 하나님께서 축복해 주신 것입니다.

보험에 대해서는 문외한이었지만 생각을 동원하지 않고 하나님께 맡겨드렸더니 어려움 없이 사업을 확장해 나갈 수 있었습니다. 이를 통해 사업의 주인은 하나님이시고 저는 관리자일 뿐임을 실감하게 됩니다. 앞으로 업계에서 최고로 성장할 것을 믿음으로 바라보며 선과 정도 경영을 통해 하나님께 영광 돌릴 수 있는 믿음의 기업이 되길 소망합니다.

Chapter 15

생사화복을 주관하시는 하나님

그대들의 아버지가 나를 속여 품삯을 열 번이나 변역하였느니라 그러나 하나님이 그를 금하사 나를 해치 못하게 하셨으며 … 라반이 네게 행한 모든 것을 내가 보았노라 나는 벧엘 하나님이라 네가 거기서 기둥에 기름을 붓고 거기서 내게 서원하였으니 지금 일어나 이곳을 떠나서 네 출생지로 돌아가라 하셨느니라 **창세기 31:7~13**

창조주 하나님께서는 우주 만물과 인류의 역사, 인간의 생사화복을 주관하십니다. 누구든지 하나님을 만나면 어떠한 불행한 삶이라도 행복한 삶으로 변화될 수 있습니다. 그래서 많은 사람이 하나님께 복을 받기 위해 기도합니다. 그중에는 응답을 받고 간증하며 영광 돌리는 사람이 있는가 하면, 열심히 충성하고 기도하는데 축복받지 못한다며 불평하거나 심지어 하나님을 떠나는 사람도 있습니다. 하지만 하나님은 반드시 말씀하신 바를 지키시며 우리에게 축복을 주기 원하시는 분입니다. 그러므로 우리가 축복을 받지 못한다면 무엇이 문제인지 잘 깨우쳐야 합니다.

그러면 이스라엘의 조상 야곱의 삶을 통해 축복의 비결을 알아보겠습니다.

장자의 축복을 받은 야곱

야곱은 아브라함의 손자며 이삭의 아들로서, 형 에서와 쌍둥이로 태어났습니다. 형 에서는 들로 다니며 사냥하는 것을 좋아하였고 아버지 이삭에게 사랑을 받았습니다. 반면에 동생 야곱은 조용한 성품으로 집 안에 있으면서 어머니 일을 도우니 자연히 어머니의 사랑을 받았습니다. 야곱은 지혜로운 반면 간교한 성품이 있었고, 꿈과 야심이 있어서 형이 가진 장자의 축복을 자신이 받고 싶어했습니다.

그러던 어느 날, 형 에서가 사냥을 하고 돌아와 몹시 배고파할 때에 팥죽 한 그릇을 줄 터이니 장자의 명분을 팔라고 합니다. 에서는 장자의 축복을 소홀히 여기고 아무 생각 없이 팔아버렸습니다. 세월이 흘러 아버지 이삭이 나이가 들자 죽기 전에 장자 에서를 불러 축복해 주고자 하였습니다. 그래서 그에게 사냥한 고기로 별미를 만들어 가져오면 축복해 주겠노라고 말합니다. 이것을 엿들은 어머니 리브가는 자기가 사랑하는 야곱에게 그 축복을 받게 해 주고 싶었습니다. 그래서 야곱에게 에서인 척 위장하고 들어가 형 대신 장자의 축복을 받으라고 합니다.

야곱은 탄로가 날 경우 닥칠 아버지의 진노가 무서웠지만 장자의 축복도 얻고 싶었습니다. 그래서 용기를 내 형 에서처럼 꾸미고 어머니가 만들어 준 별미를 갖고 들어가 장자의 축복을 받아내기에 이릅니다. 눈이 어두워 잘 보지 못하는 이삭은 변장한 야곱이 에서인 줄 알고 마음껏 축복해 줍니다.

창세기 27장 27~29절에 그 내용이 나와 있지요. "내 아들의 향취는 여호와의 복 주신 밭의 향취로다 하나님은 하늘의 이슬과 땅의 기름짐이며 풍성한 곡식과 포도주로 네게 주시기를 원하노라 만민이 너를 섬기고 열국이 네게 굴복하리니 네가 형제들의 주가 되고 네 어미의 아들들이 네게 굴복하며 네게 저주하는 자는 저주를 받고 네게 축복하는 자는 복을 받기를 원하노라"

그런데 이 일이 곧 탄로 나고 말았습니다. 야곱이 축복 기도를 받고 나간 지 얼마 안 되어 에서가 사냥한 고기로 별미를 만들어 가지고 들어온 것입니다. 깜짝 놀란 이삭은 크게 떨며 "사냥한 고기를 내게 가져온 자가 누구냐 너 오기 전에 내가 다 먹고 그를 위하여 축복하였은즉 그가 정녕 복을 받을 것이니라"고 말합니다. 이미 별미를 먹고 야곱에게 다 축복해 주었으니 더 이상 축복해 줄 것이 없다는 것입니다.

장자의 축복을 빼앗긴 에서는 방성대곡하였지만 이미 때는 늦었습니다. 격분한 그는 아버지가 돌아가시면 야곱을 죽이리라 결심합니다. 이 일로 야곱은 부모 곁을 떠나 외삼촌 라반이 있는 하란으로 갑니다.

축복의 비결을 터득한 야곱

아무것도 가진 것 없는 야곱은 일단 거주할 곳이 있다는 사실만으로도 감사한 일이기에 외삼촌의 집에 그저 봉사하는 사람으로 들어갔습니다. 그곳에서 기반을 닦으며 열심히 일했습니다. 우리도 직장에서 인정받고 사업 기반을 잡으려면 야곱과 같이 헌신이 필요합니다. 아무런 노력도, 헌신도 하지 않고 빈둥빈둥 꾀부리며 일한다면 축복받기 어렵지요.

야곱이 일하는 모습을 지켜본 외삼촌 라반은 그에게 보수를 정하라고 합니다. 이때 야곱은 7년을 봉사하는 조건으로 외삼촌의 둘째 딸 라헬을 아내로 달라고 말합니다. 첫째 딸 레아가 있었지만 곱고 아름다운 둘째 딸 라헬에게 더 끌린 것입니다. 야곱은 라헬을 사랑했기 때문에 7년을 수일같이 여기며 기쁘게 일했습니다.

우리의 신앙생활도 마찬가지입니다. 하나님을 사랑하면 어떠한 연단이나 핍박이 와도 기쁘고 즐거운 것입니다. 천국에 소망을 두면 이 세상에 어떠한 것도 부럽지 않습니다. 어떻게 하면 하늘나라에 더 상급을 쌓고 하나님을 더 기쁘시게 해 드리며, 어떻게 하면 하나님의 나라와 의를 위해 충성하다 천국에 가서 영원히 행복하게 살까 하는 생각뿐입니다. 야곱도 사랑스러운 라헬을 아내로 맞이할 수 있다는 소망이 있었기 때문에 7년을 길다 여기지 않고 열심히 일했습니다.

드디어 7년이 지나 결혼을 합니다. 그런데 잔치를 치르고 아침에 보니 자기와 결혼한 사람은 라헬이 아니라 레아였습니다. 외삼촌이 야곱을 속이고 언니 레아를 그에게 보낸 것입니다. 어떻게 그런 일이 있을 수 있나 생각할 수 있지만 당시 그곳 풍습과 상황을 알면 이해할 수 있습니다. 옛날 우리나라에서도 결혼할 때 서로 얼굴을 제대로 보지 못하고 결혼식을 올렸듯이 야곱도 아침이 되어서야 자기와 결혼한 사람이 첫째 딸 레아라는 것을 발견한 것입니다.

이에 대해 따지는 야곱에게 외삼촌은 형보다 아우를 먼저 주는 것은 이 지방 풍속이 아니라 말합니다. 그러고는 7일을 기다리면 라헬까지 아내로 줄 터이니 그 대신 다시 7년을 더 봉사해야 한다는 조건을 내걸었습니다. 야곱은 억울했지만 순순히 승복합니다. 자기는 도망 온 사람이고 기댈 언덕이라고는 그나마 외삼촌밖에 없기 때문입니다.

여기서 많은 것을 깨달을 수 있습니다. 우리는 항상 자기 형편과 처지를 잘 살펴야 합니다. 억울하다, 비위가 상한다며 이것저것 따지거나 자기 분수에 넘치게 생각하고 행한다면 어떤 직장이든 어디

서나 반듯하게 서지 못하고 성공하기도 인정받기도 어렵습니다. 따라서 상황을 부정적으로 보고 불평하기보다 현실을 직시하고 인내하며 최선의 선택을 할 수 있어야 합니다. 사람들은 자신에게 유리한 조건과 수익성을 따지며 나름대로 지혜롭게 한다지만, 조금 더 희생한다 해도 자신의 본분을 지킬 수 있는 일을 택하는 것이 중요하지요. 이렇게 모든 것을 수용하며 제반 상황이 어느 정도 갖춰지면 회사나 사업터에서 자신의 위치가 견고하게 되는 것입니다.

야곱은 이제 자기의 입지를 굳히기 위해 무언가 대책을 세워야 할 때가 되었습니다. 그래서 그는 외삼촌에게 고향으로 돌아가야겠다고 말합니다. 외삼촌 라반은 하나님께서 야곱을 보시고 자기에게 복 주신 것을 잘 알았습니다(창 30:27). 야곱이 오기 전에는 소유가 적었는데 그가 와서 열심히 일을 해 주었기 때문에 가축과 재산이 크게 불어난 것을 알았지요. 그를 놓치고 싶지 않았던 라반은 또 한 번 품삯 이야기를 꺼냈습니다. 주겠다 해 놓고 나중에 적당한 이유를 붙여 말을 바꿔 버리면 그만이라 생각한 것입니다. 이미 그동안에도 여러 번 품삯을 속여왔지요.

이런 외삼촌의 마음을 알고 있었기 때문에 야곱은 지혜를 씁니다. 즉 외삼촌의 양 떼 중에서 아롱진 것과 점 있는 것과 검은 것, 그리고 염소 중에서 점 있는 것과, 아롱진 것이 있으면 그런 것을 자기에게 품삯으로 달라는 것입니다. 외삼촌은 속으로 쾌재를 불렸을 것입니다. 양이나 염소 중에서 아롱진 것, 점 있는 것, 검은 것은 드물기 때문입니다. 외삼촌은 자기에게 유리한 제안이라고 생각하며 쾌히 승낙합니다. 속으로 야곱이 어리석다 여길 수 있었겠지만 그가 어리석은 것이 아니었습니다.

야곱은 버드나무와 살구나무와 신풍나무의 푸른 가지를 가져다가 군데군데 껍질을 벗겨 알록달록한 무늬가 생기게 하였습니다. 그리고는 그 나뭇가지를 양 떼가 먹는 개천의 물구유에다 세워 놓습니다. 야곱이 얼마나 면밀한 사람인지 튼튼한 양이 새끼를 밸 때에는 알록달록한 가지를 그 앞에 세워 놓았다가 약한 양이면 가지를 치웠습니다. 알록달록한 나뭇가지를 바라보며 물을 마신 튼튼한 양들은 교미하여 잉태한 후 아롱지거나 점이 있거나 검은 새끼를 많이 낳았습니다. 결과적으로 실한 양들은 다 야곱의 것이 되고 약한 양들은 라반의 것이 되었습니다.

야곱은 14년간 봉사하면서 어떻게 해야 양이 새끼를 잘 낳고 어떻게 해야 잘 자라는지 완전히 터득한 전문가가 되었습니다. 뿐만 아니라 지혜로운 야곱은 바라보는 대로 이루어지는 믿음의 법칙 또한 터득하고 있었습니다. 그 결과 창세기 30장 43절을 보면 "그 사람이 심히 풍부하여 양 떼와 노비와 약대와 나귀가 많았더라" 하였습니다. 어느새 야곱은 거부가 된 것입니다.

이같이 우리가 각각 형편과 처지에 맞추어 열심히 헌신하고 봉사하며 여러 상황을 인내하며 나가다 어느 정도 기반이 마련된 후에는 더 큰 지혜가 필요합니다. 예를 들어, 음식점을 운영하려면 기본적인 음식 맛 외에도 어느 장소에, 어떤 인테리어로 꾸미며, 어떻게 해야 사람들의 마음을 편안하게 만들고 다시 오고 싶게 할 것인가 등 모든 것이 중요합니다. 다른 분야도 마찬가지입니다. 야곱처럼 축복을 받기 위해서는 열심과 부지런함뿐만 아니라 꿈과 비전을 가지고 하나님께서 주시는 지혜를 받아야 합니다.

생사화복을 주관하시는 하나님

거부가 된 야곱에게 하나님의 사자가 꿈에 나타나 고향으로 돌아가라 말씀합니다. 쉬운 일이 아니지만 야곱은 하나님께서 자기에게 주신 꿈과 비전을 이루기 위해 순종합니다. 야곱은 외삼촌 몰래 가족과 모든 소유물을 이끌고 가나안 땅으로 출발했습니다. 야곱이 부유해진 것을 못마땅해하는 외삼촌이 어떤 일을 꾸밀지 알 수 없었기 때문입니다.

야곱이 도망한 지 삼 일 후에야 라반은 그 사실을 알게 되었습니다. 그러자 라반은 자기 형제들을 거느리고 황급히 야곱을 뒤쫓기 시작합니다. 그때 하나님께서 현몽하여 "너는 삼가 야곱에게 선악간에 말하지 말라" 말씀하셨습니다. 결국 라반은 야곱을 해치지 않고 갈르엣에서 야곱과 약조를 맺고 고향으로 돌아갔습니다. 약조란 돌무더기를 쌓고 그것을 경계로 하여 서로 넘어 가지 않겠다는 것입니다. 이로써 한숨 돌리는가 싶었는데 또다시 어려움이 닥칩니다.

야곱이 돌아온다는 소문을 듣고 형 에서가 사백 명이나 되는 사람들을 이끌고 그를 만나러 온다는 것입니다. 야곱 때문에 장자의 축복을 빼앗겼으니 그동안 얼마나 원망하며 살았겠습니까. 조금만 어렵고 힘들어도 야곱이 자신의 축복을 가로챘기 때문이라며 원망하고 분노를 쌓아왔을 것입니다. 야곱은 나름대로 지혜를 써서 형에게 줄 많은 예물을 준비하고 가족도 그룹을 나누어 나아갈 순서를 정하는 등 피해를 최소한으로 줄이려 해 봅니다.

하지만 아무리 궁리해 보아도 소용이 없습니다. 자신의 힘으로 도저히 어찌할 수 없는 상황이 되자 그는 생사화복을 주관하시는 하나님께 간절히 매달렸습니다. 외삼촌 라반과 약조했으니 뒤로 물러설 수도 없고 형 에서 앞에 나아갈 수도 없는 절박한 상황이었습니다. 가족을 먼저 강 건너편으로 보낸 뒤 혼자 남은 야곱의 심정이 어떠했겠습니까?

얍복 강가에서 하나님께 간구하며 환도뼈가 어긋나도록 밤새 천사와 씨름합니다. 결국 야곱은 하나님의 응답을 받아냅니다. 이스라엘이라는 새 이름을 얻고 하나님께서 역사하시니 하루아침에 형 에서의 마음이 눈녹듯 녹았던 것입니다. 그리하여 그는 형의 환대 속에 고향에 돌아와 이스라엘의 조상이 되었습니다.

야곱이 그랬듯이 우리도 모든 것을 하나님께 맡길 때에 하나님께서 형통하게 인도해 주십니다. 물론 하나님께서 인도하시는 대로 온전히 순종하면 야곱처럼 그렇게 많은 고생을 할 필요가 없습니다. 오히려 아브라함처럼 형통하게 인도받을 수 있지요.

하나님께서는 그의 자녀에게 축복 주기를 원하십니다. 직장이나 사업에 실패하지 않고 물질의 축복을 응답받기 위해서는 무엇보다 하나님께 모든 것을 맡기고 기도하는 사람이 되어야 합니다. 또한 주변에 선을 베풀며 자기 생각을 깨뜨려 나가야 합니다. 하나님은 전지전능하고 생사화복을 주관하시는 분임을 깨달아 하나님의 인도에 순종하여 범사에 축복받는 삶을 영위하시기 바랍니다.

Chapter 16

지혜롭게 살자

> 오직 위로부터 난 지혜는 첫째 성결하고 다음에 화평하고 관용하고 양순하며 긍휼과 선한 열매가 가득하고 편벽과 거짓이 없나니 화평케 하는 자들은 화평으로 심어 의의 열매를 거두느니라 **야고보서 3:17~18**

우리는 살면서 순간순간 지혜가 필요하다는 것을 깨닫게 됩니다. 지혜가 있으면 어려운 일을 피해 갈 수 있고, 어려운 일을 만난다 해도 잘 극복하여 아름다운 결과를 낼 수 있기 때문입니다. 또 같은 일을 한다 해도 적은 시간을 들여 수월하게 열매를 낼 수 있습니다. 그러니 지혜를 얻으면 부족할 것이 없고 만사형통한 것입니다.

지혜의 귀중성

사전에는 지혜를 '사물의 이치를 밝히고 시비와 선악을 판별할 수 있는 능력'이라고 정의합니다. 하나님께서는 사람의 뇌세포에 기억 장치를 만들어 주셔서 자신이 보고 듣고 경험한 것을 기억하게 하셨습니다. 갓 태어난 아기에게는 기억 장치에 아무런 지식도 들어 있지 않습니다. 그냥 본능적으로 어머니의 젖을 빨며 울 뿐입니다. 그러다가 자라면서 주변 사람에게서 많은 것을 보고 듣고 배우며 지식을 쌓아갑니다.

이러한 지식을 적절히 배합하여 활용하는 것이 바로 지혜입니다. 그래서 지식을 얼마나 잘 활용하느냐에 따라 지혜롭다, 그렇지 못하다 말합니다. 지혜는 개인뿐 아니라 가정이나 직장, 나아가 나라에도 참으로 중요합니다. 지혜의 정도에 따라 사람이 죽기도 하고 살기도 하며, 한 나라가 흥하거나 쇠하기도 합니다. 그래서 잠언 3장 14~18절을 보면 "지혜를 얻는 것이 은을 얻는 것보다 낫고 그 이익이 정금보다 나음이니라 지혜는 진주보다 귀하니 너의 사모하는 모든 것으로 이에 비교할 수 없도다 … 지혜는 그 얻은 자에게 생명나무라 지혜를 가진 자는 복되도다" 말씀합니다.

지혜로운 사람을 이야기할 때 제갈공명을 빼놓을 수 없습니다. 그는 중국 삼국 시대에 유비의 지략가였습니다. 유비는 덕도 있고 백성의 신망이 두터운 사람이었지만 지혜가 부족했기 때문에 오랜 세월 확실한 기반을 잡지 못했습니다. 지혜로운 사람을 찾던 유비는 마침내 제갈공명을 얻었고 그의 선과 지혜를 믿었기에 그의 말이라면 백 퍼센트 따릅니다. 그 결과 싸움마다 승리하고 때로는 적과 화친하여 강한 나라를 이룰 수 있었습니다.

그런데 유비가 제갈공명의 말을 따르지 않은 적이 있습니다. 의형제를 맺은 관우가 오나라 모사의 계략에 넘어가 죽음을 당하자 유비는 큰 충격을 받고 몹시 상심했습니다. 결국 원수를 갚기 위해 대군을 일으킵니다. 제갈공명은 사사로운 정에 좌우되지 말라고 간곡히 만류하지만 소용없었습니다.

유비는 제갈공명을 남겨 두고 오나라로 공격해 들어갑니다. 처음에는 파죽지세로 밀고 들어가 승승장구하지만 결국 오나라 모사의 지혜로운 작전에 의해 참패합니다. 대부분의 군사를 잃고 유비 자신도 포로가 될 뻔한 상황에 그나마 제갈공명이 군사를 보낸 덕에 간신히 생명을 부지할 수 있었습니다. 지혜를 따르지 않으니 많은 군사를 잃고 나라는 쇠약해졌습니다. 그래서 잠언 4장 6절에 "지혜를 버리지 말라 그가 너를 보호하리라 그를 사랑하라 그가 너를 지키리라" 하였고, 24장 6절에는 "너는 모략으로 싸우라 승리는 모사가 많음에 있느니라" 말씀합니다.

성경에 나오는 다윗도 지혜로운 사람입니다. 이스라엘 초대 왕 사울이 블레셋 전투에서 죽은 뒤 당장 다윗이 나라를 얻은 것은 아니었습니다. 사울의 군장 아브넬이 사울의 아들 이스보셋을 옹위하여 이스라엘의 왕이 되게 한 것입니다. 이로 인해 다윗을 따르는 유다 지파는 그들과 7년 반 동안 전쟁을 치러야 했습니다. 바로 그 적장인 아브넬이 다윗에게 항복하려 할 때에 다윗은 항복을 수락하고 그를 융숭히 대접하여 보냅니다.

그런데 돌아가는 아브넬을 다윗의 군장 요압이 사사로운 복수심에 불타 암살하고 맙니다. 이 사실을 안 다윗은 진심으로 애통해 하였습니다. 또 다윗에게 큰 상을 얻을까 하고 사울의 아들 이스보셋을 암살한 사람들을 오히려 사형시켰습니다. 그것은 임금을 배신한 악한 행위이기 때문입니다. 이러한 다윗의 행함은 백성들의 마음을 움직였습니다. 그들이 자진해서 다윗을 왕으로 추대하지요. 잠언 11장 30절 말씀처럼 지혜로운 자는 이렇게 사람을 얻을 수 있는 것입니다.

반면 다윗의 손자 르호보암은 솔로몬의 뒤를 이어 왕위에 올랐을 때 돌이킬 수 없는 실수를 하고 맙니다. 어리석게도 이스라엘 온 회중의 건의를 무시한 것입니다. 회중이 요청한 것은 솔로몬 왕 때에 여러 가지 공사로 백성의 부담이 컸으니 그 고역과 무거운 멍에를 좀 가볍게 해 달라는 것이었습니다. 솔로몬 왕을 모셨던 노인들은 전후 사정과 백성의 마음을 잘 아는 고로 백성이 원하는 대로 들어 줄 것을 건의합니다.

그러나 르호보암은 그들의 충고를 듣지 않습니다. 도리어 젊은 친구들의 말을 듣고서 백성에게 포학한 말로 대답했습니다. 멍에를 더욱 무겁게 하겠다고 한 것입니다. 친구들이 악하기 때문에 악한 지혜가 나왔고, 왕도 악하니 그들의 악한 말이 더 좋아 보였습니다. 그 결과 백성의 마음이 왕에게서 돌아서고 나라가 둘로 갈라지고 말았습니다.

선의 지혜와 악의 지혜

지혜는 선한 지혜와 악한 지혜로 나눌 수 있습니다. 선한 지혜는 선한 마음에서 나오는 것으로 이 지혜를 쓰면 나라가 태평성대를 누리고, 가정이 흥하며 많은 사람에게 행복을 줍니다. 반대로 악한 지혜를 쓰면 당장에는 잘되는 것처럼 보일 수도 있지만 결국 모든 것이 허사로 돌아갑니다.

다윗의 모사 아히도벨은 다윗의 아들 압살롬이 반란을 일으켰을 때 그의 편에 가담했습니다. 악하기 때문에 자기 유익을 좇아 다윗을 배신하고 압살롬에게 간 것입니다. 심지어 다윗을 죽일 수 있는 기막힌 지혜를 말해 줍니다. 이때 후새라는 사람이 다윗의 밀명을 받고 예루살렘에 들어가 먼저 압살롬이 자신을 의심하지 않도록 만듭니다.

그러고는 아히도벨의 악한 모략을 깨뜨리고 다윗 일행의 생명을 구합니다. 이에 대해 사무엘하 17장 14절에 "이는 여호와께서 압살롬에게 화를 내리려 하사 아히도벨의 좋은 모략을 파하기로 작정하셨음이더라" 하였습니다. 세상이 돌아가는 이치가 다 마찬가지입니다. 모든 것이 하나님의 주권 아래 있기 때문에 반드시 선이 악을 이기게 되어 있습니다.

아히도벨은 자기의 모략이 시행되지 못함을 보고 고향으로 돌아가 자결합니다. 이미 결과를 예측한 것입니다. 즉 자신의 말을 따르지 않은 압살롬이 다윗에게 패할 것이고, 자신 역시 다윗을 배신한 대가를 치르게 될 것을 알았지요. 그래서 스스로 죽음의 길을 택한 것입니다. 이처럼 악한 지혜는 결국 망하는 것입니다.

반면 하나님께서 원하시는 선의 지혜가 얼마나 좋은지 기생 라합을 통하여 살펴보겠습니다. 모세가 죽은 뒤 이스라엘 백성은 여호수아를 따라 가나안 땅을 향해 갑니다. 그 과정에 여호수아가 정탐꾼 두 사람을 여리고 성에 보낸 일이 있습니다(수 2장).

여리고 성에는 라합이라는 기생이 살았는데, 그녀는 이스라엘 백성을 인도하시는 하나님의 소문을 이미 들었습니다. 홍해를 갈라 이스라엘 백성이 건너게 하신 것과 전쟁에서 이스라엘이 승리하게 하신 사건 등을 듣고 라합은 그들의 하나님이 참 신이심을 깨달았습니다.

그래서 라합은 이스라엘 정탐꾼을 집에 숨겨 주었고, 왕이 그들을 잡으려고 사람을 보내자 지혜로운 말로 따돌려 위험에서 구해 주었습니다. 하나님께서는 이러한 라합을 축복하여 여리고 성이 멸망할 때에 그녀와 함께한 일가친척까지 구해 주셨습니다. 이처럼 우리도 어떤 문제에 직면했을 때에 선의 지혜를 좇으면 실패를 면하며 어려움을 이길 수 있습니다.

지혜의 즐겁고 유익한 면모

예수님께서도 사람들을 가르칠 때에 선의 지혜로 하셨습니다. 상대의 마음이 상하지 않게 하면서도 가슴 깊이 감동과 깨달음을 주셨지요. 예를 들어, 누가복음 10장 25절을 보면 한 율법사가 예수님을 시험하기 위해 질문하는 내용이 나옵니다. "선생님, 내가 무엇을 하여야 영생을 얻으리이까?" 자기를 시험하려는 의도가 있음을 아시는 예수님은 오히려 되물으십니다. "율법에 무엇이라 기록되었으며 네가 어떻게 읽느냐?"

그러자 율법사는 "네 마음을 다하며 목숨을 다하며 힘을 다하며 뜻을 다하여 주 너의 하나님을 사랑하고 또한 네 이웃을 네 몸과 같이 사랑하라 하였나이다" 하였습니다. 예수님께서는 "네 대답이 옳도다 이를 행하라 그러면 살리라" 하십니다. 아무 꼬투리를 잡지 못한 율법사는 다시 묻습니다. "그러면 내 이웃이 누구오니이까?" 예수님께서는 그가 겉으로는 하나님을 사랑한다 하지만 마음에 진정한 이웃 사랑이 없음을 아셨습니다. 이에 예수님은 상대의 감정이 나지 않도록 지혜롭게 비유 들어 설명하십니다.

"어떤 사람이 길을 지나다가 강도를 만나 거반 죽게 되었는데 제사장도 그냥 지나가고 레위인도 그냥 지나갔으나, 어떤 사마리아인은 여행하는 중에 거기 이르러 그 사람을 보고 불쌍히 여겨 주막에 데리고 가서 돌보아 주었으니 누가 과연 강도 만난 자의 이웃이 되겠느냐?" 하고 물으십니다. 제사장이나 레위인은 하나님을 사랑한다 하고 말씀을 잘 준행한다고 자부하는 사람입니다. 반면 사마리아인은 혼혈민족으로 유대인들이 상종조차 꺼리는 사람들이었지요.

율법사는 인정하고 싶지 않았겠지만 너무나 명확한 비유 앞에 하는 수 없이 "자비를 베푼 자니이다" 하고 대답합니다. 그러자 예수님께서는 "너도 이와 같이 하라" 말씀하셨습니다. 예수님은 율법사인 그가 사랑이 없음을 직접적으로 언급하지 않으면서도 충분히 알아들을 수 있도록 깨우쳐 주신 것입니다. 악한 사람은 악 속에서 지혜가 나오기 때문에 상대를 찌르고 무안을 주기도 하지만, 예수님은 상대를 무시하거나 감정을 건드리지 않으면서 스스로 부끄러움을 느끼고 더는 시험하지 못하도록 하셨습니다. 이것이 선 속에서 나오는 지혜입니다.

감동을 주는 선한 지혜

무력으로 제압하지 않아도 선한 지혜가 있으면 감동을 주어 상대를 굴복시킬 수 있습니다. 사울 왕은 신하인 다윗이 자기보다 더 백성의 칭송을 받으니 시기하고 미워했습니다. 이러한 시기심은 걷잡을 수 없이 불타올랐고 그는 왕좌를 빼앗길까 염려하여 다윗을 죽이려고 쫓아다닙니다. 그러나 다윗에게는 사울을 해하려는 의사가 전혀 없었습니다. 이러한 마음을 어떻게 사울 왕에게 전달해 주었습니까?

다윗은 사울에게 쫓기는 과정에 그를 죽일 수 있는 기회가 두 번이나 있었습니다. 한 번은 다윗 일행이 굴속 깊은 곳에 머무는데, 마침 사울이 그 굴에 들어왔습니다. 컴컴한 굴속에서 다윗은 가만히 다가가 사울의 옷자락만 살짝 벱니다. 얼마 후 사울이 굴 밖으로 나가 거리가 멀어지자 다윗이 굴에서 나가 사울을 불렀습니다. 그리고 자기에게 전혀 해할 마음이 없음을 말하면서 그 증거로 베어 낸 옷자락을 보여 줍니다.

그 순간 사울은 "내 아들 다윗아!" 하고 크게 울며 잘못을 뉘우치고 집으로 돌아갑니다. 그러나 이 감정은 얼마 가지 못합니다. 또 다시 질투하는 마음이 일어 그를 잡으려고 삼천 명을 이끌고 뒤쫓습니다. 다윗이 하길라 산에 있다는 소식을 들은 사울은 그 길가에 진을 칩니다. 이윽고 밤이 되니 사울 왕과 군사들이 잠이 들었습니다.

이때 다윗은 신하 아비새와 함께 사울의 진중으로 몰래 내려가 사울의 머리 곁에 있는 창과 물병만 가지고 나온 뒤 건너편 산꼭대기로 갔습니다. 그리고 사울을 향해 큰 소리로 외치며 잠든 사울을 지키지 못한 장군 아브넬을 책망합니다. 잠이 깬 사울은 자신의 생명을 해치지 않고 창과 물병만 가져간 다윗을 보고 또 한 번 감동하여 잘못을 뉘우칩니다. 이렇게 선한 지혜로 말하고 행할 때 상대를 감동케 하여 화평하고 형통한 길로 갈 수 있습니다.

솔로몬의 지혜

열왕기상 3장에 나오는 솔로몬의 지혜로운 판결은 널리 알려져 있는 사건입니다. 어느 날 솔로몬 왕 앞에 두 여인이 한 아기를 데리고 찾아왔습니다. 두 여인은 비슷한 시기에 아이를 낳았는데 밤에 한 여인이 자신의 실수로 아이가 죽자 죽은 아기를 다른 여인의 아기와 바꿔 놓았습니다. 아침이 되자 살아 있는 아기의 엄마는 자기 아기 대신 다른 여인의 아기가 죽은 채로 옆에 눕혀 있는 것을 발견합니다.

두 여인은 옥신각신하다 결국 솔로몬 왕 앞에 와서 재판을 의뢰합니다. 이때 솔로몬은 신하에게 칼을 가져와 아이를 둘로 나누어 반쪽씩 주라고 말합니다. 순간 진짜 어머니는 제 아이가 죽게 생겼으니 마음이 불붙는 것 같았습니다. 그래서 아이를 죽이지 말고 상대방 여자에게 줄 것을 간청합니다. 반면에 다른 여자는 아이를 반쪽씩 나누어 달라 말했기에 결과는 분명히 드러났습니다.

솔로몬 왕은 자기 목숨보다 자녀를 사랑하는 어머니의 마음을 안 것입니다. 지혜가 있으면 이렇게 억울함을 면하게 하고, 악한 사람의 마음에도 깨달음을 주며 현명한 판단에 주변 사람들을 고개 숙이게 만들 수 있습니다.

솔로몬의 지혜가 얼마나 대단했던지 멀리 남방에서 스바 여왕이 그의 소문을 듣고 많은 향품과 황금 보석을 갖고 그 지혜를 들으러 찾아오기도 합니다. 그리고 솔로몬의 모든 지혜와 그가 건축한 궁전과 궁내 대신들의 좌석과 신하들이 입은 옷 등을 보고 말하기를 "당신의 지혜와 당신의 복이 내가 들은 소문보다 더합니다."라고 감탄해마지 않았습니다.

선한 지혜를 받으려면

그러면 어떻게 해야 이러한 지혜를 얻을 수 있을까요? 선한 지혜를 받기 위해서는 무엇보다 성결해야 합니다. 마음이 성결하면 모든 생각과 방법이 진리로 나옵니다. 누가복음 6장 45절에 "선한 사람은 마음의 쌓은 선에서 선을 내고 악한 자는 그 쌓은 악에서 악을 내나니" 하신 말씀처럼 선한 마음에서는 선한 생각이 나오고 진리의 방법이 나옵니다.

사람들은 어떤 일을 해결하기 위해 나름대로 지혜를 동원합니다. 하지만 악한 마음에서 나오는 생각과 지혜는 좋지 않은 결과를 가져옵니다. 악의 모양을 버리고 성결을 이루었을 때에 선한 지혜가 나오는 것입니다. 물론 성결하다고 무조건 지혜가 오는 것은 아닙니다. 먼저, 성결한 마음이 되면 생각과 말과 행동이 선합니다.

가령, 어떤 심한 잘못을 범한 사람이 찾아왔다고 합시다. 만일 마음에 악이 있다면 감정이 앞서 책망부터 할 수 있을 것입니다. 그러나 악을 버린 선한 마음이라면 미운 감정이 앞서지 않습니다. 오히려 잘못한 당사자보다 더 애통해하며 그가 잘못을 깨닫고 돌이키기 원합니다.

쥐가 막다른 골목에 몰리면 고양이를 문다는 말이 있습니다. 선한 사람은 어려운 궁지에 몰린 사람이 악을 발동하지 않도록 선의 지혜를 베풀지요. 그가 선에 감동되어 더 이상 악을 발전시키지 않도록 만드는 것입니다. 이처럼 상대가 선 가운데 돌이켜 회개할 수 있도록 길을 열어 놓아야 합니다.

성결한 마음이 되면 성결한 방법론이 나오고 그에 필요한 지혜가 옵니다. 야고보서 3장 17~18절에 “오직 위로부터 난 지혜는 첫째 성결하고 다음에 화평하고 관용하고 양순하며 긍휼과 선한 열매가 가득하고 편벽과 거짓이 없나니 화평케 하는 자들은 화평으로 심어 의의 열매를 거두느니라” 했습니다.

하나님은 오직 선 속에서 행하시는 분이므로 죄악을 버리고 성결을 이루는 만큼 성령의 인도와 주관을 받게 되고 하늘로부터 오는 지혜를 받게 됩니다. 그래서 잠언 9장 10절에 “여호와를 경외하는 것이 지혜의 근본이요” 말씀하신 것입니다. 야고보서 1장 5절에 “누구든지 지혜가 부족하거든 모든 사람에게 후히 주시고 꾸짖지 아니하시는 하나님께 구하라 그리하면 주시리라” 하셨으니 지혜의 근원이신 하나님께 지혜를 구하시기 바랍니다.

이와 함께 일상생활에서 아브라함, 라합, 솔로몬, 다윗 등 믿음의 선진들의 지혜를 배워 삶에 적용하는 것이 지혜입니다. 선진들이 겪었던 각 사건에 대한 선의 지혜를 배워 잘 양식을 삼으면 비슷한 일이 닥쳤을 때 성령께서 떠올려 주심으로 형통한 삶을 영위할 수 있습니다. 하늘로부터 오는 지혜를 받아 모든 사람에게 빛이 되고 그리스도의 향기를 발하여 마음껏 하나님께 영광 돌리시기를 주님의 이름으로 축원합니다.

시온의 메신저가 되어

다니엘 로젠 목사
(남, 이스라엘)

어려서부터 저는 이스라엘 민족의 쓰라린 역사 속에 살았습니다. 할아버지는 랍비였는데, 나치에게 끌려간 후 다시 돌아오지 못했습니다. 유대인 대학살로 저의 부모님 가족은 살해되었고 이로 인해 저는 러시아인과 독일인을 증오하며 살았습니다.

예루살렘에서 물리치료사로 근무하던 시절, 네덜란드에서 자원 봉사하러 온 분을 통해 기독교인 모임에 초대받았습니다. 그곳에서 그들이 제게 보여준 사랑에 감동받은 저는 모임에 정기적으로 참석했지요. 하지만 예수님에 대한 말씀을 제대로 이해하기까지는 상당한 시간이 걸렸습니다.

저는 예수님이 유대인과 전 세계인의 구세주로서 모든 인류의 죄를 대속하셨다는 것을 이해할 수 없었고 믿지도 못했습니다. 저희 민족이 핍박당한 역사를 볼 때 굉장히 받아들이기 어려운 가르침이었지요. 제 마음은 돌과 같이 단단했습니다. 전형적인 유대인으로서 이스라엘 민족이 다른 민족보다 하나님과 예언자를 더 많이 안다는 자부심과 우월의식으로 가득했습니다.

1년 정도의 시간이 지난 뒤에야 저는 예수님을 메시아로 영접할 수 있었고 성령님의 도움으로 믿음이 성장하기 시작했습니다. 어느 날 남성도 한 분이 제 발 앞에 엎드려 우셨습니다. 그는 유대인 대학살 때 자기 민족이 이스라엘 민족에게 저지른 일에 대해 용서를 구했지요. 제 마음은 녹아졌고, 우리는 포옹했습니다. 하나님 사랑 안에서 진정한 화합을 이뤘으며 회개함으로 죄의 속박으로부터 해방됐지요.

1991년 모델 생활을 할 때 북미의 모델 에이전시에 들어갈 수 있는 기회가 주어졌습니다. 계약금은 매달 42,000세켈(한화 1,540만 원)이었지요. 부와 명예, 화려한 삶을 살 수 있는 성공의 첫 관문이라 생각했습니다. 하지만 패션계의 위선과 공허함 또한 보았기에 계약을 쉽게 할 수 없었습니다. 그러던 어느 날, "내가 모든 것을 창조했노라, 삶과 죽음 중에 하나를 선택하라!"는 음성이 들렸습니다. 주변을 둘러보았지만 아무도 없었지요. 이런 체험을 한 후 저는 모든 것을 뒤로 하고 주님께 헌신할 것을 다짐했습니다. 다음 날 바로 세례를 받았습니다.

그 뒤, 7년간 전도 사역을 했는데 많은 사람이 구원받았으며, 신앙 성장을 위해 간절히 도움을 청했습니다. 저는 금식을 하며 주님의 길을 예비하기 위해서 예루살렘을 위해 기도할 수 있는 일꾼들을 양성해야 함을 깨달았습니다. 그래서 1999년, 텔아비브에 교회를 개척하고 2004년에는 키프러스에 교회를 개척했습니다. 저는 성도들에게 이스라엘과 정부를 위해 중보기도를 하며, 거룩함과 정결함, 그리고 유대 민족의 근본 신앙을 회복하는 것에 초점을 맞추도록 했습니다.

그러던 2008년 2월, 다니엘 마찌아쉬 목사님을 통해 이재록 목사님을 만나는 축복을 받았지요. 짧은 만남이었지만 저는 감격해 울기 시작했습니다. 그 겸손과 사랑이 마치 아버지 하나님의 마음을 느끼게 했기 때문입니다. 이재록 목사님께서 이스라엘 선교 사역을 하시며 '2009년 이스라엘 연합성회'를 이루기까지 예수님이 구세주이심을 확실히 증거하시는 모습에 큰 은혜를 받았습니다.

그 후, 이스라엘 목회자들의 모임인 크리스탈 포럼이 조직됐고 현재 제가 회장을 맡고 있습니다. 지금은 많은 교회와 목회자들이 가입해 청소년 캠프 등 선교활동을 활발히 하고 있지요. 이로 인해 이스라엘에서 개신교의 영향력이 커지고 있습니다.

저는 이재록 목사님의 저서 『믿음의 분량』을 읽고 주님의 마음을 얼마큼 닮았느냐에 따라 천국의 처소가 결정되는 것을 안 뒤, 가장 좋은 천국 새 예루살렘에 대한 소망으로 달려갑니다. 이전에는 주님을 영접하면 천국에 간다는 정도만 알고 있었지요. 이 책에 담긴 내용을 설교할 때 제가 사역하는 교회들(이스라엘 3개, 필리핀 2개, 카자흐스탄 5개, 키프러스, 불가리아)과 로마와 독일의 협력교회들이 부흥하는 것을 볼 수 있었습니다.

저는 인터넷을 통해 만민중앙교회 홈페이지와 만민TV 생방송으로 이재록 목사님 설교를 듣고 성결 복음을 무장했으며 손수건 기도(행

19:11~12)를 통해 나타나는 권능의 역사를 알기에 사모함으로 이재록 목사님께 손수건 기도를 받았습니다. 그 후 8백여 명이 모인 이탈리아 토리노 집회 시 성결 복음을 전하고 '권능' DVD를 상영한 후 손수건 기도를 해 줬습니다. 놀랍게도 통회자복의 역사, 안 들리던 귀가 들리고 삶이 변화되는 등 수많은 권능의 역사가 나타났습니다.

2010년 전반기에는 카자흐스탄, 불가리아, 홍콩, 필리핀, 이탈리아에서 집회를 인도했으며, 후반기에는 이탈리아, 베트남, 케냐에서 집회를 인도할 예정입니다. 저는 집회를 인도하러 갈 때마다 이재록 목사님의 신앙간증 『나의 삶 나의 신앙』 책자를 목회자들에게 선물합니다. 그리고 믿음에도 분량(롬 12:3)이 있어 주님의 마음을 닮은 정도에 따라 들어가는 천국의 처소가 분류됨을 전하며 『천국』 책자를 전달하지요. 또한 이재록 목사님의 권능의 역사가 담긴 DVD를 전해 주는데, 이를 통해 많은 목회자와 성도들이 깨어나고 있습니다.

그 외에도 성결 복음과 손수건 기도를 통해 영육간의 치료와 이혼 직전의 가정이 화목한 가정이 되는 등 축복이 넘쳐나고 있습니다. 성결 복음과 손수건 기도의 위력은 불가능을 가능케 합니다. 저는 전 세계를 두루 다니며 상한 마음을 회복시키는 시온의 메신저가 되고자 최선을 다할 것입니다.

내가 시행하리니

초판 1쇄 발행 1995년 4월 22일
3쇄 발행 1998년 4월 30일
2판 1쇄 발행 2010년 9월 30일
2쇄 발행 2014년 2월 1일

지은이 이재록
발행인 빈성남
편집인 빈금선

발행처 우림북
편집부 02-851-3845, 070-8240-5611
팩 스 02-830-1844
영업부 02-837-7632, 070-8240-2072
팩 스 02-869-1537
디자인부 070-8240-5632

등록번호 제 1-904호

값 9,000원

ISBN 978-89-7557-379-8 04230
ISBN 978-89-7557-203-6 (set)

우림

우림은 구약 시대에 대제사장이 하나님의 뜻을 묻기 위해 사용하던 판결 흉패이며,
히브리어로 '빛'이라는 의미가 있습니다(출애굽기 28:30).
빛은, 곧 하나님 말씀이며 생명입니다.
우림북은 온 누리에 참 빛을 비추고자 오늘도 기도와 정성으로 문서선교 사역에 앞장서고 있습니다.

www.ingramcontent.com/pod-product-compliance
Ingram Content Group UK Ltd.
Pitfield, Milton Keynes, MK11 3LW, UK
UKHW041845200726
13854UKWH00005BA/2173